宋書之美

王世襄 時年九十有四

題張建智《中國珍稀宋板書畫錄》

一世無緣親宋板

崖慚叫我老出版

殘年得讀張子書

喜極淚流療病眼

壬寅處暑九十二歲鍾叔河於念樓

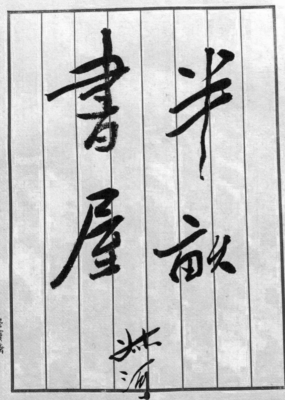

半
献
前
书
屋

荣宝斋

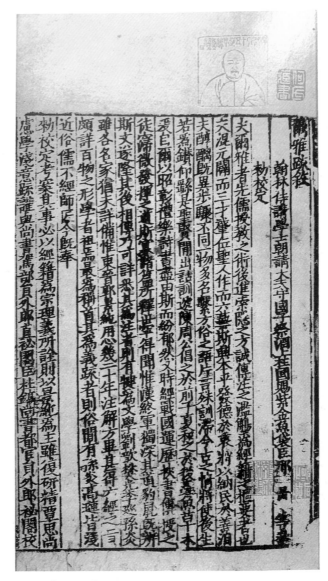

宋刊本《尔雅疏》彩图版

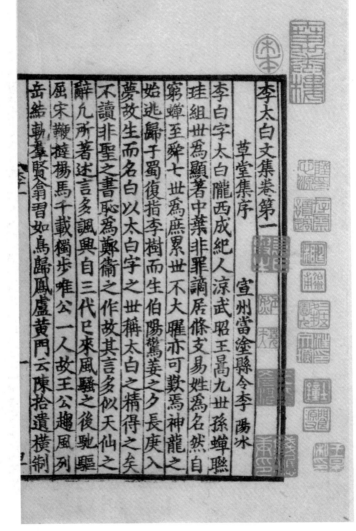

李太白文集卷第一

草堂集序

李白字太白隴西成紀人涼武昭王暠九世孫蟬聯
珪組世為顯著中葉非罪謫居條支易姓為名然自
窮蟬至舜七世為庶累世不大曜亦可數焉神龍之
始逃歸于蜀復指李樹而生伯陽驚姜之夕長庚入
夢故生而名白以太白字之世稱太白之精得之矣
不讀非聖之書恥為鄭衛之作故其言多似天仙之
辭凡所著述言多諷興自三代已來風騷之後馳驅
屈宋鞭撻揚馬千載獨步唯公一人故王公趨風列
岳繕軸摹賢合罔如鳥歸鳳盧黃門云陳拾遺橫制

宋刊本《李太白文集》彩图版

太平御覽卷第一

翰林學士承旨正奉大夫守尚書吏部侍郎知制誥柱國隴西縣開國侯食邑一千五百戶賜紫金魚袋臣李昉等奉

勑撰

天部一			
元氣	太易	太初	太始
太素	太極	天部上	
元氣			

三五曆紀曰未有天地之時混沌狀如雞子溟涬始牙蒙
鴻莫孔切鴻胡孔切滋萌歲在攝提元氣肇始又曰清輕者上為

天濁重者下為地沖和氣者為人故天地含精萬物化生

河圖曰元氣閤音開陽為天

又曰元氣無形洶洶蒙蒙偃者為地伏者為天也

禮統曰天地者元氣之所生萬物之所自焉

宋刊本《太平御覽》彩圖版

老泉先生

論

易

聖人之道得禮而信得易而尊信之而不可廢

尊之而不敢廢故聖人之道所以不廢者禮爲

之明而易爲之幽也生民之初無貴賤無尊卑

無長幼不耕而不飢不蠶而不寒故其民逸民

之苦勞而樂逸也若水之走下而聖人者獨爲

之君臣而使天下貴役賤爲之父子而使天下

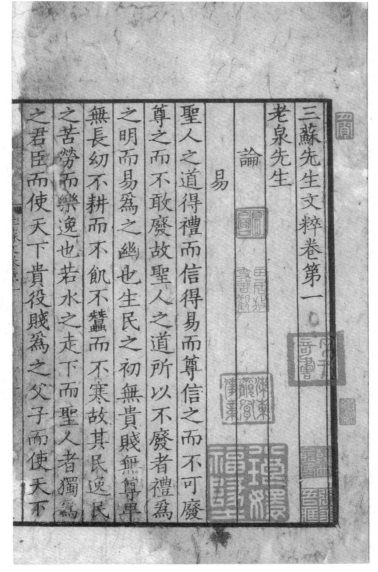

宋刊本《三苏先生文粹》彩图版

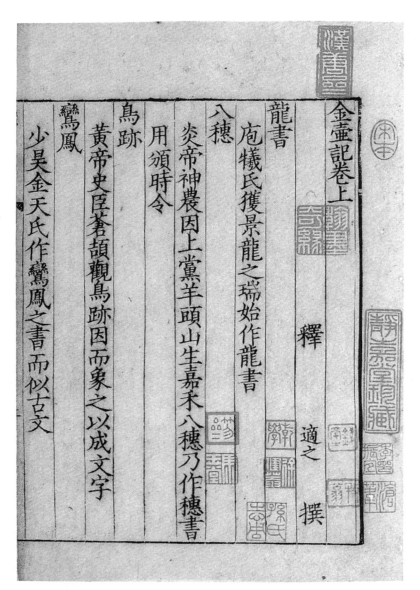

金壺記卷上

釋　適之　撰

龍書

庖犧氏獲景龍之瑞始作龍書

八穗

炎帝神農因上黨羊頭山生嘉禾八穗乃作穗書

用頒時令

鳥跡

黃帝史臣蒼頡觀鳥跡因而象之以成文字

鸞鳳

少昊金天氏作鸞鳳之書而似古文

宋刊本《金壺记》彩图版

宋版之美

张建智 著

文汇出版社

目　录

代　序

建智先生：

　　我本不大会写字，因为胡乱作文，有些朋友出于友情，想留点纪念，有时叫写几句话，好玩。我不知自丑，率尔应命，连累先生也来叫写，实在不好意思得很。病废以后，只有自来水毛笔一支，写小字亦不能超过一张纸了。题记勉强写了几句，印在书上恐怕不行，大字则更不堪多矣。只因先生一贯关心爱护我，不交卷自觉太对不住。不得不来献丑，过目后弃之可也，即请大安。

　　你写的宋版书，这是难得的好书，我特写了题诗。现即将出版，我表示祝贺！

钟叔河

八月廿二日

访书对谈录

张建智：本书作者
西　桦：教授、博士生导师

西桦：最近读到《随笔》2023 年第一期上，发表了钟叔河先生今年的第一篇文章，是他为《中国珍稀宋版书》题了一首诗。前有"题张建智《中国珍稀宋版书》，诗一首"。诗曰：

一生无缘亲宋版，羞愧叫我老出版。残年得读张子书，喜极泪流疗病眼。壬寅处暑九十二岁钟叔河于念楼。

这是钟先生去年为你写的一首诗吗？

张建智：是的。那是钟老患病治疗刚出医院后写的一首诗，是对我写这本书的一种关心、支持和鼓励，我从内心深深地感谢他！

关于此事的缘起，是那年我前往中山大学和广西大学参加《一代名师周其勋》的首发。尔后，我途经长沙，周实先生为我订了一家连锁宾馆。房间虽小，但很清洁，离钟老居住的"念楼"很近。然后，我们约好第二天上午，去拜访钟叔河先生。

湖南省出版局办公大楼是沿马路的，后一幢便是出版局家属大楼。电梯直上二十楼，我找到门上有"念楼"的竹刻匾额。一会儿钟老就来开门。那天正好保姆不在，没有人打扰，我们泡好茶，对坐聊天。那天只有我和钟老两人，我们谈了三个多小时。其间王平兄来坐了几分钟。正好请王平兄为我们照了一个相。

灵犀相通似的，谈书谈人，天南海北，很是投缘。当时聊到我在日本静嘉堂阅宋版书的事。钟老听了认为这种机会难得，他也关心这些流落在国外的珍稀古籍。钟老专为此书题了四句诗，写得很自然，幽默而谦虚，是题在他专用的笺纸上，还盖了他的印章。钟先生一片热诚，希望此书早日出版，让读者看到一些宋版图录和介绍性质的文章，从而引起对古籍阅读的兴趣。

此外，钟老还专门写过一封信给我，说有关出版事宜，他会大力支持。其实，钟先生在大热天、身体欠佳的情况下，写了这首诗，本身就是一种大力支持。这也说明了读书人或出版界，对中国宋版书一直是很重视的。（注：周其勋是我舅公，曾任中山大学外文系主任，后任广西大学外语学院院长。《一代名师周其勋》为漓江出版社 2022 年出版。）

西桦：我以前读到有关古籍收藏的《古书之美》一书，作者是韦力和安妮宝贝。韦力是一个藏书家，安妮宝贝是我年轻时看过的一些小说的作者，古籍善本离我们现代生活比较遥远，可能现代人或者一般人都不太了解。你对古籍有爱好和研究，若从你的视角看"古书之美"这几个字，究竟如何领略？

张建智：讲到韦力先生，他为藏书所花的毅力与心血，令人钦佩，对他的成就早有所知。最早是来新夏先生告诉我的。来先生曾经与他们合作写过一部《书目答问汇补》（全二册）。2011 年后，来先生还赠过我一部。

记得为庆贺来新夏九十大寿，在萧山开了一个会。会议开得很成功，参会人很多，有天津南开大学的教授，北京中华书局的总编，上海学者伍立扬先生还从远处赶来。另外，有《文汇报》"笔会"主编刘绪源，南京的学者徐雁、薛冰，《开卷》主编董宁文、苏州学者王稼句等，许多爱书、淘书、藏书、写书人，齐聚一堂。萧山是来新夏的故乡。萧山市政府、文宣部、图书馆是举办单位。会上，还举行了两位女士拜来先生为师的仪式。那天，我第一次看到韦力，高高的个子，话语不多，很有个性。看上去，他似乎为到江南一带访书忙碌着。

你既讲到"古书之美"这本书，我在网上看到我的一位苏州好友周晨（著名书装设计家）和韦力等人，续谈了这一问题。的确，这是说不完、道不尽的一个话题。打个比喻，似有点像金性尧先生写的那本《闲坐说诗经》，说了他感兴趣的几十首诗，但金先生连带谈了藏在中国古籍中的内容，更显丰富。中国文化博大精深，单说藏于古书中的"诗词"有多少？如若联系到"诗中有画，画中有诗"的景象，那更是"不尽长江滚滚来"！

西桦：那么你在静嘉堂所藏的宋版书中，看到的古代诗歌多吗？印本上有发现差别吗？

张建智：我在静嘉堂看到的宋版书中，讲起诗歌这部分，可谓无法计数。如《李太白文集》《唐百家诗选》等都是。有一天，静嘉堂的增田晴美，特地带我们上专藏宋版的书楼时，还讲起中国对日本的影响，认为是古诗与佛教最早，也最大。她还说，日本明治维新前，日本人崇拜的诗人是杜甫，之后开始喜欢李白的诗歌。中国的古代诗歌，在日本宫内厅书陵部，所藏宋版书中的古诗，也很多，无人知晓其数。中国是个诗歌大国，许多好东西，在几千年之前便遗失了。有不少还流落在民间，能印在书本上的毕竟是少数。

关于印本上是有些差别的。如我阅宋版《李太白文集》时便发觉，现复制宋版出版的李白诗集，已经背诵流传的诗，和宋版李白的诗，就有句式、文字上的不同。我曾问过诗词家吴藕汀先生，他在20世纪50年代就出版了《词名索引》，曾亲自对我说，几千年过去了，诗之源为赋，其流为词曲，真像大海无边一样。他说："我只能做个小小的'索引'，让大家找来读读而已。"

关于印本，我在静嘉堂看到的元刻本，无论用纸、行距、墨色、抚印，还是封面、题签等，简直无法与宋版书相比。

由于历史的发展，无论政治、经济、文化乃或中医药经典，如《内经》《难经》以及张仲景的《伤寒杂病论》《外台秘要方》等，直到宋代，才得以整理重刻，保存下来。因为那时国家专设了机构，一个相当于现代的整理、研究、出版的机构，也就是说，今天讲到的很多经典，到了宋代才有机会流传下来。可以说，宋代是一个中国几千年历史积淀的转折点，这也成就了宋版书这一瑰宝。

千年过去，现今存世的宋版，由于各种原因，越来越少。而今一页宋版残页，拍出高价，已超出过去常说的"一页宋版，一两金"了。宋版书能流传至今，让人看到的，则是中国古籍金字塔的顶端。用韦力的话讲，便是在"学术资料性、文献性、艺术代表性上，今存的宋版书达到了一个高峰"。若"从美学角度来讲，宋版书也可视为一种美的存在，是后世一直追捧的对象"。

西桦：因为宋版书之珍稀，即使图书馆有收藏，基本上也放在库房里面，一般人难以阅读到，你能谈谈是何种机缘促成到静嘉堂阅读宋版书的呢？

张建智：去静嘉堂阅宋版书，心向往之，然难于至。你提到的问题，倒使我忆起至今还保存在《文汇报》上，十多年前我发表的小文，题目叫《书魂何在》，那里记录下了当时的情景。

那日，我们参加上海图书馆举办的晚宴，席间，日本国立文学研究资料馆的冈雅彦先生，谈起日本静嘉堂所藏的宋版书。话题一打开，自然就谈起了清末四大藏书家之一的陆心源，也谈起了在当年称为"一代书痴"的黄丕烈先生。当然，清代上海的大藏书家郁松年，也成了席间闲谈的内容。中国近代藏书文化史上，陆心源堪称个人收藏宋版书之巨头，他号称收藏了二百部宋版书。

作者在静嘉堂（一）

当然，我们也不能忘记上述两位同时代的藏书家。因为没有了他们，历史上也许就记载不了陆心源这位藏书家的名字了……

能使我梦想了多年，到域外一睹宋版书的夙愿实现，说起来，真是一桩机缘巧合的事。那时上海图书馆馆长是王伟民先生。上图还没搬到新馆，馆内外环境很好，馆外边周围一幢幢老洋房，伴有葱郁的绿树；晚上住在图书馆旁的一个宾馆。那么多好书，如枕在安静的夜色下，远眺窗外，感觉非常美。

冈先生是一位日本文献专业资深学者，可以经常去静嘉堂。他当时便讲，到日本，你要进其他图书馆访书不难，但你想进静嘉堂文库，似乎难度较大，因为其内藏的图书，不对外开放。

这个情况，当时的全国政协会议有个提案，对流入日本的宋版书问题，有一个正式批复，也跟日本领事打了些交道。但一般人要进入静嘉堂，阅读珍稀的已定为"日本重要文化财"的宋版书，确实有难处。因这很少的几十部宋版书，也都是海内外的孤本了，直接阅者次数多，对宋版书的保存确实不利。但冈先生还是答应回日本后，去静嘉堂和文库长商量。

当然，宋版书只在我们少数的博物馆或者图书馆有收藏，而且收藏的宋版书，是明代后所复制，或是清代或民国的刻本。就算近在民国时，中国宋版书也已经很难寻觅。但丽宋楼的宋版书在清末虽流入了日本静嘉堂文库，可原藏书的丽宋楼，终究是在我们每天生活着的地区。所谓得天独有，虽然经过了不少曲折，最终还是能与静嘉堂文库结下书缘。

西桦：静嘉堂听起来是一个非常神秘而又令人向往的地方，能否介绍一下静嘉堂的历史？

张建智：好的。静嘉堂文库，在日本明治时代中期建立，在当时日本正流行"脱亚论"的思潮下，作为三菱公司的第二代社长的岩崎弥之助，还是挺有远见的，开始收藏中国的大量古籍，以宣扬东方文化传统。至第四代社长岩崎小弥太时，才得以完成这个愿望。时间上看大致为1892年至1907年，约花了十五年时间。

文库名，取自《诗经·大雅·既醉》之"笾豆静嘉"中的"静嘉"一词。从静嘉堂文库的历史看，真正使文库在收藏宋元版上有一定数量，应是在1907年岩崎家族在中国购得归安陆心源的皕宋楼、十万卷楼和守先阁的时期。

现静嘉堂文库，坐落于日本东京都世田谷区。旁边便是静嘉堂美术馆。

1902年时的静嘉堂，建于东京骏河台东红梅町岩崎氏家族的宅邸内。之后，搬到东京市芝区高轮南町的岩崎别馆（现名为开东阁）。

1917年至1919年，文库编制了藏书目录《静嘉堂秘籍志》五十卷。同时记载了陆心源旧藏的主要部分。其中一至十二卷为皕宋楼旧藏，十三至五十卷为十万卷楼旧藏。

1924年，岩崎小弥太为了纪念他的父亲，把文库地址，迁徙到岩崎弥之助的"纳骨堂"（骨灰冢）之侧。在那里建造了一座建筑，即静嘉堂文库现在的地址，坐落于东京都世田谷区冈本2-23-1。

至1939年，文库又编撰《静嘉堂文库汉籍分类目录》。陆心源的皕宋楼、十万卷楼和守先阁三处旧藏，凡运抵静嘉堂文库的古籍，均登记在册，并分别以"皕""十""守"注明藏书来源。

《静嘉堂文库汉籍分类目录》及 1938 年编刊的《静嘉堂文库国书分类目录（佛书·医学本草）》共记载：静嘉堂文库收藏有宋、元、金版之典籍，合计为二百六十五部，五千三百四十八册。

到了 1970 年，三菱财团作为上级管理部门，组成了一个"静嘉堂文库理事会"，为其决策机构，由文库长主持日常事务的管理。

西桦：从清代开始就陆陆续续有的几大藏书楼，而作为清末四大藏书楼之一的"皕宋楼"，其藏书的汇聚与流散过程，总让后人思考。请你就此谈谈看法？

张建智：藏书的汇聚与流散，特别是皕宋楼聚散流失，是一个颇值后人思考的问题。

皕宋楼藏主，陆心源（1834—1894），字刚甫，号存斋，浙江归安人。因为读顾亭林书，仰慕他的为人，故而把自己的书堂题名为"仪顾堂"。清咸同年间，陆心源宦游江南，正值太平天国战争，江南藏书纷纷散出，他广为收购，仅从上海的郁松年处，便购得四万八千余册，精帙巨编，琳琅满目。陆心源藏书最盛时在十五万册左右，以皕宋楼储宋元旧刊，以十万卷楼收明代及明之后的秘刻并名人手写本等，以守先阁藏寻常刊本。陆氏藏书，一时名噪大江南北，那时与杨氏海源阁、丁氏八千卷楼、瞿氏铁琴铜剑楼齐名。

皕宋楼藏书版本繁多，其中有旧抄本六百六十八部，明刊本五百二十九，宋刊本一百八十八，文澜阁传抄本一百七十七，元刊本一百二十二，抄本九十，校本六十二，明抄本五十五，影宋刊五十，影宋本三十五，校宋本二十八，明仿宋二十五，影元刊

位于西侧的知足庐，属于皕宋楼的一部分

吴昌硕题"知足庐"匾额

二十三，明覆宋本二十一，宋刊宋印十九，其余版本则零散数部。

到 1905 年，那时陆心源已逝世，他的大儿子陆树藩经商失利，便萌发了把藏书整体出卖的念头。1906 年春，商务印书馆张元济闻讯，便和陆树藩相商，商务印书馆愿出五万元大洋购买，陆树藩要求十万。可那时商务不能筹全这么大的资金，但张元济切嘱陆家"切勿售与日本人"！随即张元济想方设法，为此宋版书一事，力劝荣华卿相国拨款购之，以作京师图书馆之基础，但他的意见未被采纳。

张元济所在的商务印书馆，没有此笔资金购入。国内也没有机构和个人有此财力（就算有此财力，也没有人重视那些旧典古籍）；晚清政府也没有允诺出资。此时，日本汉籍目录学家岛田翰，游于江南，数次登陆氏皕宋楼阅书。这期间，陆树藩在上海经营纱厂越来越困难，故亟欲出售家传秘籍，最初与日人谈，必以整体出售，开价五十万元。

岛田翰回国，谋于岩崎氏家。岩崎氏获讯，即委派重野成斋在赴欧途中，于上海和陆树藩会面洽购。岛田翰也从中运作。重野成斋大杀其价，从五十万元杀至三十五万元，最后竟然以十二万元成交。经签约后，售给了静嘉堂。

1907 年 6 月，一艘小火轮尾挂三条拖船装上陆心源的全部遗书，连夜驶回上海，由日本邮船公司东载而去。就这样，皕宋楼、十万卷楼和守先阁的四千一百七十二种共四万三千九百九十六卷宋元明清稀世刻本，归属了静嘉堂文库。

西桦：从一些论文资料与报刊上看到，当年对此事有各种看法，能否举出些不同看法的例子，并谈谈这方面的问题？

张建智：对这个问题始终是有争议的，此事当年读书界与出版界人士为之震惊。张元济痛心疾首，说出了他的肺腑之言："每一思之，为之心痛。"也反映了晚清文化史上之悲哀，但似乎也是那个时代的必然。对中国文化很有研究的费正清先生曾说过："中国文化与历史是一所房子，一本本书就是砖头，中国学的结构，是由一本一本的书组成的。"况且这是中国存量不多的宋版书，打个比方的话这就是金砖，显然会引发很大的争议。

此事披露后，董康（1867—1947）在《国粹学报》第八期上，发表《皕宋楼藏书源流考·跋》云："陆氏《藏书志》所收，俱江浙诸名家旧本；古芬未坠，异域言归，反不如台城之炬，绛云之烬，魂魄长留故乡者，为太息者累月。"

此说一出，皕宋楼事件马上传遍海内，引起更大的争论。人们痛斥陆氏后代为"不肖子孙"。然而，如从客观的另一方面看，日本"脱亚论"盛行之时，同样也把藏有的很多珍贵古籍，抛售了出去。

当时中国驻日使者杨守敬（1839—1915）和黎庶昌，便收购了很多流失日本的珍贵古籍进入国内。日本维新之际，提倡新学，摒弃旧学，古典汉籍，更是被看作落后的象征，而随意抛掷。于此，杨守敬得以大量购进许多国内已散佚的善本秘籍。当年，杨守敬还认识了一位名叫森立之的日本医生。森立之同时也是一位藏书家，杨守敬在森立之那里，看到所摹写的"善本书影"数册，爱不释手，森立之看到杨守敬如此宝爱旧籍，慨然举赠。

杨守敬则从中得到启发，把在日本所得的宋元秘本，刻版行世。名曰《留真谱》，从而开创了古籍版本学上有划时代意义的书影先河。森立之又送给杨守敬一本《经籍访古志》，此后，杨守敬按此书目访书，更为便利，仅一年时间，竟购求到三万多卷古书。

杨守敬对目录学有精研，还编有《邻苏园书目》，著录图书六百余种、《观海堂书目》抄本六册、收书近五千种，另著录多种抄本及古医书。1897年，杨守敬刊行了他在日本访书时所见的各种珍秘古籍的知见录，名为《日本访书志》，是一部知见书录，每本书均有解题，是近代的一部重要的目录学著作。

1912年，其将藏书由武昌运抵上海，民国三年（1914），杨守敬应聘为袁世凯的顾问，藏书又转运至京师。去世后，大部分藏书相继出售给故宫博物院。留存武昌的少部分藏书归于湖北省图书馆。

黎庶昌（1837—1897），号纯斋，贵州遵义人，光绪中曾两度出任驻日使臣。黎庶昌也是一位好古之士，当他听说杨守敬在日本访得许多国内已失传的古书后，很受感动，遂委托杨守敬在搜访古籍的基础上刻印《古逸丛书》，于是杨守敬愈发热心访古。

杨守敬本来就能书善画，去日本时，曾带去了汉、魏、六朝、隋、唐的碑帖一万三千多册，利用这些碑帖，杨守敬不仅向日本广泛传播了中国的书法艺术，被誉为"近代日本书道之父"，还以此换回了许多用金钱所无法买到的古籍珍本。光绪八年至十年（1882—1884），杨守敬协助黎庶昌刻成《古逸丛书》，共二十六种，计二百卷，多为当时国内已失传的秘本。

西桦：听了你的这番介绍，我想起当年欧洲和美国人在日本也买了大量的古籍、文物，包括我亲自看到的波士顿美术馆所藏的大量日本文物，都是那时候买的。而且那时候购入，非常便宜，日本人不看重时，反而是美国和欧洲的商人比较看重的时候。因为书画、古籍作为不可再生的传统文化是全人类的瑰宝，从世界之人类视野看，不完全属于任何一个国家或民族。某一个国家或机构拥有它，也只是一个暂存。谁如果能够更好地利用传播、研究，那才能够充分发挥它的价值。如因中国文化的传播，后来的华盛顿大学、哥伦比亚大学、哈佛大学等都开展了中国学的研究。

张建智：是的，全世界的文化都是在交流融通中存在的。汇聚、流散、传播、友好交流等，应该是一个良性的循环。徐桢基先生在《藏书家陆心源》一书中，有一段话，是对这问题的一个比较恰当的看法。徐老说："虽然这些原应属于我国重要文物，由于子辈的无能，无法自守而出售，但现仍作为世界的重大文化遗产完整地保存于异国他乡，陆心源通过他的辛勤收集，能为世界文化财产提供大量珍贵资料，对陆心源亦是一种得以安慰的事。而静嘉堂文库今将陆心源先前所藏的书籍，作为文库宋元版书的主流，供世界各国学者及研究人员充分利用，同时该馆将妥然地保存好这些书，以此作为中日两国人民及学者友谊的联结。"（注：徐桢基先生是陆家的亲属，已年届九十二岁）。

捐书碑

西桦：静嘉堂里所藏宋版，就是陆心源所藏的那批书吗，还是后来又收集进了一部分？陆树蕃卖给静嘉堂的书，全是宋版吗，还是有其他版本？

张建智：静嘉堂现所藏的宋版书，重点应是陆心源流入的，当然也有少部分是静嘉堂从其他收藏者手中购入的。

1992 年出版的《静嘉堂文库宋元版图录》有这样的记录：宋、元、金版合计二百五十三部五千〇四十二册。其中宋版一百二十二部二千六百〇二册。元版一百三十部二千四百三十册。金版一部九册。宋版的经、史、子、集数量也不一，经部十六部一百二十三册，史部四十一部一千二百四十册，子部四十五部九百二十五册，集部二十部三百一十四册。

以上所记是否正确，因我读到一份用智能计数统计的论文，似有些差异，可作为参考探讨。

西桦：下面你是不是能介绍一下进入静嘉堂之难，但最终还是阅读到了宋版书？

张建智：好的。我们虽然通过冈先生，已与静嘉堂取得联系，但预约程序中应办的手续，还没有完全办好，中间还有一些曲折的事，直到我们进入了日本，还未全部落实好。

在这里，冈先生给我的几封通信，便可佐证入静嘉堂阅书之难。

2005 年 5 月 15 日，我与冈雅彦先生联系。发信于他，请他与静嘉堂落实好时间和办好阅书规定程序。冈先生即回信于我：

张建智先生：

　　您好！我昨晚刚由奥地利维也纳的日语研究会回国。由于我出差，不便带在身旁，所以邮寄给了米山库长。此后一段时间由于比较忙碌，还没有确认对方态度。

静嘉堂文库长，是米山寅太郎先生，而实际处理文库事务的是司库增田晴美先生。她也是一位宋版书的研究者。

据增田先生说，最近从中国递交的资料复制委托有很多，一般都不予接受。我想，恐怕得有一个特殊的理由。我有位和静嘉堂关系很好的朋友，为此想拜托他帮忙活动活动，所以，请您再等一段时间。

此外，不通过我、直接与静嘉堂取得联系也是一种方法，同行间的正式申请一般都会给予回复，但我觉得回复为拒绝的可能性比较大，所以希望您再等一等。

仓促回信，请见谅

此致敬礼

冈雅彦

2005 年 10 月 29 日，我又收到冈先生的来信：

张建智先生：

因为感冒休息了一段日子，所以回信晚了，请见谅。陆心源先生的孙子的信已经准备好了吧，将这封信交给静嘉堂的米山先生，就可以提出协助申请、确定访日时间了。上一次，我和王勇先生去拜访时，向表示会尽力帮助我们的文库长表达了感谢，咨询了你们访日的最佳日期，以便能当面了解对方究竟能帮我们到什么程度。我想这样就可以了。我还有一个疑问：这次计划的具体内容是什么呢？是在陆心源先生的故乡建立博物馆，宣传他的事迹，展示各种资料，作为一种文化设施公开吗？还是，有其他的实业性计划呢？我听说，在某个会议上曾有人提出将丽宋楼所有的资料用数码相机翻拍、提供复制服务的计划。可能这个消息来源不太准确，但是和静嘉堂交涉前，如果这个计划流传出去的话，估计失败的可能性很大。我对此表示忧虑。期待你们早已申请的事能够顺利进行。

冈雅彦

2006 年 5 月中旬赴日，当然去静嘉堂寻访宋版书是此行的重点，但我们也走访了日本其他的一些机构。如走访了大阪成蹊大学。校长及其他各位知道我们下一站将访问静嘉堂，似乎都有点羡慕，也有点好奇，他们不无关切地问："与静嘉堂联系好了吗？据说，进入静嘉堂是不容易的。"他们都知道东京有个静嘉堂，可是谁也没去过。你看，就是日本自己的大学校长们，也如此告知。

在日本又与冈先生见面，但他诉说了一些难处，让人不好意思再为难他，因日本自己的学者、校长们都是不太容易进的。

西桦：听你这么一说，冈先生有他的难处，那怎么办呢？还有什么特别的方法，进入静嘉堂阅读宋版书呢？

张建智：没有特别的方法。中国有句老话"不入虎穴，焉得虎子"，最后还是自己直接去静嘉堂为上。

第二天，我们一大早就出发，从"池袋站"出发，乘 JR 山手线（160 日元），经新宿、代代目至涉谷站。出站后换乘东京地铁电车田园都市线经"三轩荣屋"至"二子玉川"站。"二子玉川"站,即静嘉堂所在地。站旁有的士,我们打的就直奔静嘉堂文库。静嘉堂文库坐落在东京西南的世田谷区岗本町。走上小山,迎面便是一片豁朗的平地。居中是一座圆形水池,时值夏季,池中漂着斑斓的绿叶。水池对面,有一座二层的西洋小楼,这便是声名远扬的静嘉堂文库了。水池左面,则是一座新得多,也高大得多的西洋式建筑,这是静嘉堂文库美术馆。有意思的是,对于当地人说来,美术馆似乎远比文库更为知名,这里经常举办各种各样的美术、艺术展览,许多人会不辞辛劳地辗转乘车或开车前来。而一旁则是静嘉堂文库那所专门藏古籍的楼房,却很少有人进出。

静嘉堂文库外景

按门铃后，一位女士开门。我们说明来意。她说，文库负责人增田先生今日未上班，明天才会来上班。我们向她说明了来自陆心源故乡，以前已托多人联系过的情况。那位女士听了这些简略的话，便和蔼地对我们说："那么今天是否先进屋看点书？"我们听了她的话后，感到静嘉堂的人员对我们似乎并不陌生，于是换鞋进入。

进门一看，门厅不大，厅内右壁悬挂着中国学者胡惟德书题岩崎君的"静嘉堂"条幅，下方一壁炉，前置一对沙发，中间有茶几。左边是文库办公室，后面是楼梯。右屋为阅览室，中央有一大阅览桌。女士指引我们在阅览桌旁就座。桌上有"阅览者名簿"，我们按规定登记。随后，女士自我介绍，名叫成泽麻子，是文库的司书。她很客气地说，要看什么书，请填单。我们填了十几部书名。她即去书库取书了。

胡惟德题"静嘉堂"匾额

此时我环顾四周，布置简洁，几幅小油画挂着，室内十分安静，感觉似乎到了一个世外桃源，除了窗外随阳光飘来树梢上的风声外，几乎没有一丝声响。阅览室的大阅览桌，是东西向放置的，南北各有三张椅子，可供六人阅览。靠南窗处另有两张单人阅览桌，配有椅子，可供二人阅览。两张单人阅览桌的西面有一张小桌，上面放置着光电阅读器，供读者阅读缩微胶卷用的。东窗前放置了一张小长桌，可供读者中午在此休息。读者的书包和衣物等，则可存放在阅览室专用的柜子里。

北墙正中悬挂着陈宝琛书题，是赠岩崎君的"道家蓬莱"四个飘逸的书法。下方并排放着两张小长桌，便是借书处。桌上有一本簿子，暗红色的封面写有"阅览者名簿"，下面注有小字"自平成十六年一月二十八日"。打开一看，登记着读者的姓名、所在单位和来访日期。一般的读者手续是，如你要看一本书，必须要三个月以上约好，当你具备资格，静嘉堂会通知，你要提供准备阅读的哪一部书，其中第几页，但你只能看微缩胶卷。欲打印，收费也高。（而要阅宋版书，可能便婉拒了）

"道家蓬莱"匾额

因我们是原宋版书流出之地，所以她们后来便跟我们讲，你们现在直接跟我们联系，这笔钱就不需要，因为这笔钱，也要上交给上面单位的主管部门，所以我们进入后，就免掉这些麻烦的手续了。

不一会儿，成泽麻子女士从楼上用一个专用的古色古香的方盘，端着一匣一匣的古籍交给我们，随后退出阅览室，任我们自由翻阅。我们表示十分感谢。接着，便仔细地翻阅查找。如《史记》《汉书》等大书，册数太多，她原是说分批提供，后来干脆悉数捧来，任凭阅览。我们面对千年古书（文物）真是受宠若惊，如此国宝，今日得以零距离摩挲，太令人震撼。成泽麻子是位四十来岁的女性，端庄和美，心地善良，待人诚恳。我们阅读时相机就搁在桌面上，她未加干预，如此好人实在难得。

作者在静嘉堂（二）

作者在静嘉堂（三）

中午十二时文库休息，静嘉堂依例不供午餐，我们外出吃饭。成泽女士主动地画了地图，指引我们去商店。我们买了一点三明治，坐在玉川公园的长椅上吃了起来。突然，天下起雨来，我们只好返回。一路上古木参天，流水潺潺，我们沿山路奋力往上跑，猛见前方突现光明，山顶开阔处豁然开朗，一幢英国式的楼房便是静嘉堂文库了。

静嘉堂给我们看的不是微缩卷，而是直接阅读宋版线装原版，这种破例在静嘉堂是很少的。而且，我感觉到我们在静嘉堂阅书的日子里，特别优待的地方有很多。如允许我们可照相，对其他人是绝对不可能的，管理上非常严。一般要登记，要填表、查阅书人之身份……而对我们这些都免了真是难得的待遇。等到原版书拿下来以后，我感觉到它显得重。原版书都是先用最好的模板夹两面夹住，然后再用袋子绑好，这种模板大概都是用香樟木的木板做的，可能在明代，也可能在宋代就已经由皇宫保管的。这就很难考证了。

这种宋版书的木夹板，很严实很牢固，每一颗藏书印上，如当年放着的一张垫纸都还在呢！足见当年的藏书家，其藏书之用心，犹如对待自己的孩子那般保护好。我至今记得，有一天，阅书的时间比较紧，包裹宋版书的一根绳子，被我弄断了，我感到很内疚，便和成泽麻子女士讲了很对不起的话。但是她对我们还是非常客气，当她把看过的书收回时，成泽麻子（现在静嘉堂的文库长，当时是司库）还对我说："不要紧，别客气，绳子断了，会有人来修理的！"我听了后，真是如释重负！

我这里有一本书，就是当时静嘉堂送给我的。是 1994 年印的《静嘉堂文库·中国宋元时代的版本》。除了我们去时正值老馆长生病未签名外，当时负责静嘉堂的日常馆长增田晴美，和现在的文库长成泽麻子，都在此书上签

作者与增田晴美、成泽麻子赠书合影

作者向增田晴美赠作品《儒侠金庸传》

作者向成泽麻子赠作品《红楼狱神庙》

名，然后赠给我，每当看到这本小书，就想念起静嘉堂友人对我们的优待和彼此的友谊。

记得有一天，当阅书到中午时分，我们按时要离开，但增田晴美却走来对我们说，你们就在阅览桌上用餐好了。接着，她亲手送来一壶刚泡好的绿茶和四个杯子。那天，与我们同室阅览的多了一个人，她叫中安真理，是早稻田大学大学院文学研究科、东洋美术史专业的博士生，在北京大学学习过，也是个在家居士。她阅读的是静嘉堂美术馆的藏品，而静嘉堂对于阅读研究美术藏品的，较容易进入，所以她常来静嘉堂。

有一天吃完午饭，我们在阅览室拍照，她通中文，便主动对我们说，楼上还有好的东西，可以上去看看。中安真理十分友好，她带我们上楼。只见中间是大厅，放着地球仪和老岩崎的半身塑像。西边为文库长办公室，陈设简朴。东边为贵宾接待室，壁炉上方挂有一幅照片。中安真理指着照片，又指指南窗前的沙发说："天皇来过这里，天皇来时就坐在这个沙发上。照片就在这里拍的。"中安真理之后在京都大学任教。

西桦：当年商务印书馆张元济先生花了很多时间去静嘉堂，复制了大约十二种宋版书。影印出宋元版书，后定名《续古逸丛书》在国内出版。你能大概讲一下这个情况吗？

张建智：张元济（1867—1959）复制宋版书，在那个时代局限下，可谓付出了他全部的心血，是值得我们后人纪念的。清末，从 1908 年 7 月 11 日开始，他起程访问日本寻求中国流入外域的古本，这个时间节点，正是陆心源的大量宋版书流入日本的时间。1910 年 3 月 17 日，他又起程作环球之行。12 月下旬，经夏威夷，至日本横滨，旋抵东京。后经奈良抵神户，是为摸清中国古书在日本的情况。辛亥革命后进入民国，1919 年 10 月 20 日，在他的持续努力下将影印的宋元时代的版本，定名《续古逸丛书》。（这正是在杨守敬协助黎庶昌刻成《古逸丛书》二十六种计二百卷的基础上完成的。）

1919 年 11 月 27 日，张元济又特地约请日本友人白岩、龙平、须贺、虎松及叶德辉等人，商借岩崎氏静嘉堂所购皕宋楼书事。

1920 年 3 月 4 日，傅增湘抵沪，张元济前去拜访，两人又谈起静嘉堂的宋版书，傅增湘告之东京岩崎氏静嘉堂新印书目，可索取以了解所藏书目。

1921 年 1 月 10 日，张元济送日本静嘉堂岩崎氏《四部丛刊》一部，为以后借书之方便。

1928 年 10 月 15 日，中华学艺社第五次学术视察团，赴日本出席日本学术协会第四届大会，张元济以学艺社名誉社员名义，与郑贞文乘"上海丸"轮又东渡访书。10 月 27 日，他由文库长诸桥辙次陪同下参观静嘉堂文库观皕宋楼陆氏藏书。因长诸桥辙次曾来过中国，与张元济相识，由其陪同参观。这段时间为寻觅中国宋版书，张元济一直在静嘉堂阅书，其目的是找到更好更美，并且更有价值的宋版书。

张元济毕竟是进士出身，又有印书出版的经验，故终于选出了已由静嘉堂所藏的《清明集》《群经音辨》《陈书》《武经七书》《愧剡集》《金华黄先生文集》《册府元龟》及《本草衍义》等书。

11 月下旬，张元济回国，与傅增湘通信商讨《续古逸丛书》之事，同时与傅增湘商议，准备向日本借印《王文公集》。

然而，正在此时，上海"一·二八"中日战事发生，让张元济最为痛心的是，东方图书馆所藏，竟片纸无存。《太平御览》《册府元龟》、黄善夫所刻《史记》底片虽尚在，但《衲史》底版尽已被毁，海内孤本《周书》两部亦被毁。但是，张元济在当时战事如此吃紧的情况下，还是想尽一切办法，不断印出了一些国内无存的宋元古书。

百年后的今天，张元济先生那种为中国珍稀宋版书奔波不息的精神，那种对人宽裕温柔，执着融洽的处世态度，无不洋溢于世界矣！

西桦：我曾读过张元济的传记，他一生对于中国文化、出版、藏书事业贡献极大，还把中国文化的精华传播到了世界各地。我在域外时，看到东亚中心的文化研究，主要是对中国文化的研究，内容是中国古代的古籍、博物等。

张建智：听说你在美国做博士后时，喜欢去观赏中国古代的一些藏品。你在美国多年，有否注意到中国的古籍？在你看来美国对中国古籍收藏是一种什么状况？

西桦：我在美国去了许多博物馆，大致看了他们的一些收藏。美国有许多博物馆，公办与私人的都有。但以我自己亲眼看到的，他们最初开始收藏的中国艺术品主要是瓷器，对中国古籍的重视还是有一个过程的。但在19世纪末，便有了一些商人开始经营中国的古董，之后也有把古籍运过去。但这些商人，他们先到欧洲，然后再到美国。但有了这些人的经商活动，往往把美国人对中国的艺术品，包括对中国古籍的认知提升了，渐渐地使美国许多的博物馆，也开始收藏中国的各种东西了。当然随着汉

吴昌硕为波士顿博物馆题词"与古为徒"

学在域外的发展，以及收藏古籍的过程，使西方世界对汉学的知识水平提高起来了。如收藏中国古籍，在美国有几个重镇，一个是普林斯顿的东亚图书馆，方闻先生曾经是这个机构的主任，所以收藏比较多的中国古籍和艺术品。另一个就是美国国家图书馆，也收藏了大量的中国古籍，美国国家图书馆和普林斯顿东亚图书馆还相互竞争谁收藏的中国古籍善本数量多呢，从我看到的，其实馆藏之间，一直有所竞争，是动态的，很难说谁家更多。

除此之外，收藏中国古籍善本较多的是耶鲁大学。张充和和傅汉思先生长期在耶鲁执教和生活，耶鲁大学的馆藏古籍也是很丰厚的。

张建智：现在网上有很多报道，作为对中国文化非常热爱的艾思仁先生，也是普林斯顿大学的，他的夫人是上海人。听说你和他们较熟悉，也听说你曾去艾思仁先生收藏有中国古籍的书斋拜访过。艾思仁先生是一位收藏古籍的大家，还是普林斯顿大学国际中文善本书书目的编撰项目总编。就你的接触，可否谈谈艾思仁先生，以及他热衷于古籍的收藏。

西桦：是的，那年，我正好到纽约，便先和艾思仁先生联系，然后坐小火车到普林斯顿。因为普林斯顿不是一个非常都市化的小镇，整个城主要是围绕着普林斯顿大学，犹如德国的海德堡市，主要是围绕一座海德堡大学（包括那里世界有名的哲学家之路）。我从火车站到艾思仁家，没有太多的公共交通选择，Uber 也还不太流行，所以艾思仁和他太太是开车到火车站来接我到他家的。

到他们家后稍事休息，我便参观了他的书房和藏书处。但是，经我观察以及他的介绍，他所藏中国的古籍善本虽多，但似乎也没有宋版书的收藏，明清版可能有，我觉得也比较少，他的收藏应该是以清代的善本为主。但是艾思仁先生，他对世界各地的古籍善本都收藏，除了中国之外，他也收藏欧洲的，比如说意大利中世纪的古籍善本。有点类似董桥，收藏门类广泛。

艾思仁先生，他书斋的房子是一个挺大的 house，分了两层，下面几间全部是作为书房，但书房主要是藏书，也不都是古籍善本。他还给我看了一些他的藏品，比如说画册，他收了许多专门画梅花的画册。另外，他也收藏古籍中的一些残页，如他给我看了他收藏的一些意大利中世纪的手抄本残页，不是印刷本，是手抄在羊皮卷上的。

意大利中世纪的时候，是用羊皮卷作为纸，质感跟纸差不多，非常薄和洁白。看起来这个手抄残页的字体跟印刷体一样，还有很多非常精细的花纹，但艾思仁跟我说这些都是手抄的，并且是当时的僧侣手抄的，就在羊皮上用各种颜色的墨水手抄的，抄得非常规整、精细。羊皮手抄的是意大利文，并非是英文。

那次我在艾先生家的书房里，看到墙上挂了一张张大千的版画。他的书房，是一个类似于玻璃房的感觉，有点像温室那样的味道，那张画虽然不是张大千的原画，但应该也有收藏价值。他认识张大千应该是在加州的时候，听他说拜访过张大千好几次，这张版画还是非常出色的，画的是一个猿猴，我记得张大千晚年的时候还养过猿猴。因为猿猴的毛发非常细致，用版画表现得像是真的用毛笔画出来的一样。而且版画有张大千的签名，是用铅笔签的，也有版画的编号，可能是限量一千幅。

国外也有古籍的概念，而且国外对古籍的修复整理，是一个大学问。另外，我也跟艾思仁先生讨论，古籍这个概念，实际上其是动态发展的，如果从民国时期来说，可能就是明以前的才算古籍，但是放到现当代，清代的也算是古籍了，这个概念是发展的。就是说你要定义古籍善本，实际上是要以一个时代为概念的。对于这个问题，我曾有机会和黄裳谈过，还曾读到来新夏先生写过的一文专门谈及此题。

张建智：听说你在波士顿大学也做过博士后，而白谦慎先生那时也在那里任教，你能谈谈那时和白谦慎先生交往的事吗？

西桦：记得有一次在艾思仁先生家一起聚餐时，艾思仁的夫人晓薇得知我在波士顿大学，便提起她当年在北京大学的同学白谦慎先生。我也早闻白谦慎老师的大名，并读过他写的傅山和他的世界，以及他为合肥张家四姐妹中的张充和女士编的画集。晓薇便帮我牵了个线，我就给白谦慎老师发了邮件，很快收到了白老师的回复，相约在波士顿附近一个叫牛顿的小城的地铁站碰头。

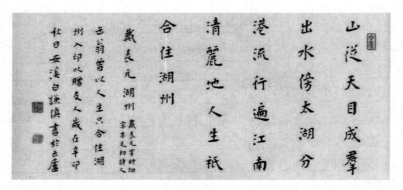
白谦慎的书法

　　白老师家住在牛顿，初夏时节坐着波士顿的绿线到终点站，下车后是一片茂密的森林，绿意盎然，之前打电话时，白老师说他开车到波士顿市区交通拥堵停车也不便，所以我乘地铁到牛顿终点站，然后他开车来接我更加便利。不一会儿白老师便开车到了，白老师个子中等，长着一张和善的圆脸，穿一件 Polo 衫，儒雅中又透着精干，普通话是我熟悉的江南口音，他开车带我去附近他常去的一家中餐馆一起吃午饭。

　　我和白老师在那中餐馆边吃饭，边聊天。白老师很健谈，因为他知道我认识艾思仁和晓薇夫妇，所以自然聊起了他原本就读北京大学，专业是国际政治，来美留学也是学国际政治，之后机缘巧合又重新到耶鲁大学师从著名的美术史家班宗华教授。由于他从青年时代就喜爱书法，自小临池修习书法，可以说对中国传统书画的喜爱，改变了他的人生之路。他的博士研究方向主要聚焦在傅山与中国 17 世纪的书法艺术上，同时因书法艺术研究上的造诣受到关注，之后执教波士顿大学艺术史。白老师谈起自己在美国大学研究书法艺术，觉得从整个艺术史的视角来看是一个小众领域，书法艺术不像中国绘画，只有笔墨，更为抽象，没有中国传统人文底蕴，很难理解书法艺术之美。

他带有自嘲地趣谈，说十几年前，很少有国内的学者来波士顿找他的。但近几年每年暑期，他经常忙于接待国内艺术史方面研究的学者，以及出版社的编辑对他的访问或交流。不过他也感叹，在美国这边老师要招博士生需要大笔的经费支持，而书法艺术基本不可能在美国政府那里申请到经费支持，所以白老师坦言他一般不招博士，来念他的博士的都是自带经费，其中不少是各大博物馆和美术馆的研究人员。其实白老师这是自谦，因为我知道他在美国培养了不少中国文化艺术方面的人才，很多都已成了美国博物馆亚洲部的骨干。我虽学的是理工专业，但对中国古籍书中的故事有些兴趣，而对画的艺术主要是看过一些理论书，也到过许多博物馆参观。然而对中国书法却一窍不通。白先生曾给我一些好毛笔，大都没有利用起来。

此外，白老师曾提起他的老家福建，但因他太太是上海人，所以常去上海和杭州一带小住，只是当时他还是波士顿大学的教授，有教课的任务，自由度和时间有限，只能趁着寒暑假回国。之后他辞去波士顿大学的教职，全职回到浙江大学，可能也是这个原因。

张建智：可能你不知道我和艾思仁先生相识的机缘。这就涉及复旦大学出版社的教授、碑帖专家陈麦青了。有天晚上，已经十点多了，陈麦青先生带艾思仁到我家，我们一边喝白茶，一边在我小书屋中聊古籍、书画，另外看了我收藏的一些民国诗集。艾思仁先生毕竟是长期与古籍打交道的，眼光好，他马上关注到有名的谭建丞的书画，也关注到既是词家，也是中国最后一位著名的文人画家吴藕汀先生。那天晚上，我结识了艾思仁。我把谭建丞和吴藕汀的作品集送给了艾思仁。

就这样隔了几年后，突然艾思仁从杭州打电话给我，说一起来观看全国的一个收藏陀罗尼佛经卷的展览。一起到杭州去的，还有王增清先生。那天艾思仁兴致很高，我们又谈了许多藏书的话题。

其实，艾思仁原是瑞典人，他的老师便是马悦然（1924—2019，汉学家、诺贝尔奖的唯一汉文评委）。那天，他与我说，下月要去瑞典，是为马悦然祝九十大寿。所以我就跟他讲，如有机会，请向马悦然索讨一本书。后来，艾思仁到上海（他夫人是上海人）真给我带来了马悦然和他爱人同时签好名的一本书。书名是《我的金鱼会唱莫扎特》。

西桦：静嘉堂整体是一个什么样的建筑？据你所见所感，能和不熟悉这个文库的读者谈谈吗？

张建智：可以。静嘉堂文库，建在东京的西南郊，入东京湾多摩河下流北岸的二子玉河丘陵上。那里森林茂密，风景宜人，平素访客稀少，即使在大白天也是安静异常，只有乌鸦在枝头聒噪和鸽子在丛林中寒窣。当时的常务文库长增田晴美告诉我们说："这些宋版书运到日本以后，先放企业中，在企业里面整理好。整理的时候，请德国人来设计这间存放珍贵书的专屋。选了一座高山，这山的地势较好，书放进不易受潮，当时山那里可能没什么人，至今人也不多。再请德国人来设计一个比较精巧的书馆。"后来我们问她，这些宋版书已有一千多年，能保存得如此好，静嘉堂是怎么保管的？她如实告知我们说，因为选择的山比较高，高山上造房子，一个荒山上当然要开辟一个平地，在山上平地造了一个书屋后，同时再在山下安装很粗大的通风设备，再把通风的专用管子，大概有几十厘米粗吧，每天将山洞中的风，通过管子，送入到书库里去。所以每一个房间都有两个通风口，从而使这些宋版书，不受一点点潮。人家一般认为书库是用空调的，其实这千年之书，主要是用通风来保护。她还说，日本是个地震多发之国，为了做好防地震工作，书库中，往往两个书架绑在一起，两个书柜绑在一起，有的一排几个书柜绑在一起，这样也是减轻地震损害的好方法。

西桦：听你一说，确实如此，过去认为到夏天时，把书拿到太阳下晒一晒，这办法肯定不行。我了解到波士顿美术馆对于馆藏中国书画的保护方法，就是监测书画展出后，因为见光受潮后的状态，一次展出之后，要在库房里放很久，让它自我修复。因纸张和墨碰到紫外线都是会发生变化的。

记得有一次我去波士顿美术馆的时候，有一件特别展品，是中国唐代非常著名的画作，张萱的《捣练图》，当然现在也有说法，即这存世的画作，其实是宋徽宗的摹本，但无论如何都是上千年前的书画了。《捣练图》其实是一个长卷，它是不能经常展出的，平时基本一直是放在库房里面。我应该是 2019 年秋天的时候，当时在波士顿大学做博士后，很幸运，正好《捣练图》在库房中的修复期过了，所以拿出来特别展出一下，特别展出的时间不长，可能就半年不到时间。同样的，我在哈佛燕京图书馆，阅到的所藏古籍抄本《八千卷楼藏书志》也用科学的方法保护得很好。

波士顿美术馆所藏唐《捣练图》

　　无论古籍或古代书画，在展期结束之后，就要再放回地库，让它进行修复。因为中国的宣纸碰到阳光、空气、空气中的水分还有灰尘，纸上的色彩都会发生变化。一般保存古书画和古籍的机构，都会非常精细地来监测书画的状态，他们会评估一次展出之后，古书画受损的状况，要在库房放多少时间，才能再修复回来，所以基本上有些宋元古籍和书画现在能看到一次真迹，下一次就不知道何时能够看到了，错过也就错过了。这可能是中国古书画的一种遗憾的美，不像西方的油画，比如说达·芬奇的《蒙娜丽莎》，它可以一直挂在卢浮宫。虽然文艺复兴时期的年代可能近一点，但是我们明代的书画同样很脆弱，需要在展出后放回库房修复。古籍也是一样，只要是见光了，经过翻阅，然后再加上空气中的氧化，每拿出来一次，实际上都是对古书的一种伤害。

　　这方面的保护，不同的图书馆做法是不一样的。一般的图书馆，是一个公众服务机构，这方面不讲究。只有规模比较大的图书馆和专门的收藏机构才能有古籍的保存和研究能力。静嘉堂文库，是一个收藏研究性的图书馆，加上有那么多宋版书，当然得特别地加以保护。

国内的一些图书馆，馆藏的古籍品类也逐渐在增加，如上海图书馆是国内一个非常大的图书馆，所藏的宋元古籍，同样很讲究科学的保护方法。

张建智：翁万戈先生，是晚清大臣，也是光绪帝师翁同龢家族的后人。据资料记载，他与张元济也有往来。许多人对他的收藏生涯，包括收藏了许多宋版古籍不太熟悉，但网上有许多白谦慎与翁先生的往来披露，你能介绍一下吗？

西桦：好的。翁万戈先生，是古籍方面有名的个人收藏者。可以说他是 21 世纪的宋元版古籍收藏最多的个人收藏家。上海图书馆的许多中国宋元版古籍，均来自他。

翁万戈先生就住在离波士顿不远的小城，即波士顿东北部一个叫莱姆的小城。他自己建了一个有中国山水意境的别院，取名叫"莱溪居"，有很多中国的书画家和收藏家都曾经到他的莱溪居去看他的藏画、藏书。

翁万戈先生在 2000 年的时候，把他的一部分古籍，其中据资料显示百分之七十以上是宋版，通过嘉德联系，以四百五十万美元卖给了上海图书馆。上海图书馆以前收藏的宋版书，不是太多，翁万戈先生这批宋版书的到来，丰富了上海图书馆馆藏。

但翁万戈先生卖给上图的，主要是宋元刻本，还有一些他收藏的手稿，手抄本当时没有卖掉。后来是翁万戈先生年纪更大了，摔了一跤，然后他觉得这些东西，有一天他如果不在世上了，可能会散落到各处，所以他又找嘉德做了六次翁氏藏品拍卖。

然后，在 2019 年，他就把他所有剩下的一些书画、书法、绘画，还有一些绣拓片、刺绣，整体的大概有五百多件全部捐给了波士顿美术馆。波士顿美术馆亚洲部的负责人白铃安女士和她的一个助手，也是白谦慎先生的学生应非儿，去接受了这批捐赠文物。

　　波士顿美术馆在接受翁万戈先生这批捐赠的收藏品之后，在翁先生一百多岁逝世之后，把他的藏品分批进行一系列的展览。

波士顿美术馆亚洲部白铃安为观众讲解《捣练图》

2019年秋天的时候，我是有幸去看了这个系列展览的第一次展出。因为波士顿美术馆在接受了翁先生大量的文物之后，需要一个很长时间的整理过程。就像静嘉堂，当时从皕宋楼那里购入了这批古籍，也要经过大量的时间来整理。

所以波士顿美术馆翁氏藏品的第一期展览，我印象中如果没记错的话，可能只展览了二三十幅绘画，但实际上它有五百多件

波士顿美术馆举办翁万戈捐赠文物展览"翁氏家藏第一期"

文物。可能是由于亚洲部的工作人员，人手并不多，整个亚洲艺术部分还包括印度、印度尼西亚、日本、东南亚，等等，专门针对中国艺术品的工作人员大概只有两个人，那么这两个人要负责这五百多件藏品的整理，还要进行策展，人力和时间都有限，所以只有慢慢地进行整理，才能把这批五百多件捐赠品全部展览出来。就像你说的，静嘉堂里面可能他们日常也没有太多工作人员吧。

张建智：听了你介绍的关于翁万戈先生的一些事迹，知道他是常熟有名的望族翁同龢的一个后代，关于他在晚清、民国至抗战，只是有些回忆录的整理。但他保存了这么多中华民族的瑰宝；那些宋版书，最后给了上图，在一定意义上，已经达到空前绝后了。

西桦：听说当年的藏书家、《英语模范读本》的作者周越然，也有一部宋版书残页给张元济很大的帮助，这个故事能和我们谈谈吗？

张建智：好的。这是有关宋版书收藏的一件奇事，应该让读者们饶有兴趣地知道。在静嘉堂内有一部宋版书叫《愧郯录》，是记录宋代的一部考证笔记。这书是岳飞的孙子写的，当年作者生活在嘉兴，当然已经到了南宋时期。我在静嘉堂阅《愧郯录》时，令我惊诧的是，这部古旧的宋版书，补进了手抄的十页特殊的书纸。这是静嘉堂库藏宋版书，可能是唯一的一个奇迹，出现在我眼前。

一页页白色极薄的影写纸，紧紧粘贴在《愧郯录》框行清晰的书页上。而手写体字迹，是那么秀雅刚劲；这无框无行的影写纸，究竟是谁的手迹呢？为何不想法刊印后补进此书呢？内行人一看便知明抄本影写的小开本纸，与宋刊的大开本原本的纸，在版面上之差异，明显不协调！

但唯有边款上留存着的"据吴兴周氏言言斋藏澹生堂抄本补写"一行小字，方可让今日之读者和藏书研究者，去追踪这藏书史上的一段缘分。为此，我把这视为藏书史上的一段佳事，在电话中告知了上海的周炳辉先生，他正是"言言斋"主人的孙子。而电话那头传来的话语，除了一段书缘能让人勾起永远品味，永恒追忆外，似有那说不尽的怅然之感。

但此奇巧书缘，还得从张元济先生说起。

1992年，在日本出版的《静嘉堂文库宋元版图录》上，对《愧郯录》所补缺的十页，特意做了注解说明："由张菊生先生提供。"这八个字，无疑也构成了中日文化交流史上的一则美谈。

张元济为编《四部丛刊》选择了当时最好的善本古籍，除商务印书馆的涵芬楼藏古籍外，又费尽心机遍访海内外收藏家、国内外公私所藏的宋元明旧椠。当拟影印宋版《愧郯录》时，张元济先生发现众多善本均缺而不全。其中卷一，就缺少第七、第八、十五、十六计四页。卷五，缺第九、十、十一、十二，计四页。卷七，缺第五、第六，计二页。共计十页。

为此，张元济并不死心，最后去了日本静嘉堂，他多么希望能在陆氏皕宋楼旧藏中找到这些缺页。可令他失望的是：静嘉堂陆氏旧藏《愧郯录》同样没有。

1930年春，张元济得知周越然在上海以重价购得一部《愧郯录》，便急着前往观看。发现此本系祁氏澹生堂余苑本，系明人写本，有澹翁手跋，且有毛子晋、季沧苇、朱锡鬯等印记。可惜只存首七卷，是个残本。然而，令他激动不已的是，虽然周藏只有半部书，但是各种刊本所缺的那十页，竟然在周越然所得的这个残本中发现了，这真是"众里寻他千百度，蓦然回首，那人却在灯火阑珊处"。

确实，这让张元济兴奋不已。于是他赶紧请人依原书款式写补各页。结果，所补各页正好前后相衔接，才得以完璧整部《愧郯录》之抢救保存。

言言斋主周越然，也将此事视为他一生藏书之最欣慰的一件美事。

但张元济，却没有忘记远在东京的日本朋友。他把这十页的影写件，赠送给了静嘉堂文库。静嘉堂文库获此珍贵资料，没有去补刻，而是把张元济提供的影写纸，原封不动直接粘贴在空白的书页上。这是对张元济的尊重，抑或是为后人重新讲述这段历史上不寻常之佳话。

西桦：你这次写了二十五部宋版书，每本书背后都有它自己的故事，那么你觉得哪本宋版书中的故事，在你阅后，感觉有特别之处？

张建智：至于这二十五部在静嘉堂的宋版，哪些是有特别之处，当然各人喜好不同。对于我来说，我感觉到有一部叫《历代故事》值得一说。这部历代故事，是由一人所编，编者名杨次山（1139—1219），宋嘉定五年（1212）刊出。

一个从平民到皇后的杨桂枝（1162—1232），在一系列政治事件中，充分显示出她的睿智与机警、果敢与冷静，其化解了一次次政治危机，留下一段历史传奇。此外，杨桂枝在政治以外的表现，也为后人所称道。一是体恤百姓；二是家教严明。在杨皇后的谆谆教诲下，其兄杨次山虽显贵但不干预国政，时论称贤臣。以后杨家皇亲世代显赫，但从无仗势欺民现象，德彰萧然。而杨次山，文武双全，也是那个时代的奇人。纵观杨桂枝的一生，几乎决定了这一个时代的走向。让后人能够较为完整地看到那些历史人物所演绎的故事，且比看历史书、传记等，更直观、更真实、更生动。由我对中国历史进程的认识，深刻的理解，"历史是已经画上句号的过去，但史学永远在远航。"

西桦：另外，你写的宋版书在版本、流传，以及对现代生活的价值方面，有什么特别的兴趣？

张建智：可以说，宋版书无论是大部头几十册的，或是只剩几册残页的，大都讲的是历史上的重大事情，就算《太平御览》《册府元龟》，这些属于静嘉堂定为"类书"的书，也是为当时便利宫廷皇室与上层知识者阅读的书。

但其中有一部名叫《锦绣万花谷》的宋版书，它展示的只是宋代的市井生活，记录了古人的生活常识，同时也记录了与宋人日常生活相关的知识，其内容更贴近于百姓对生活日常的理想，是南宋孝宗时期（1162—1189）一部记载民间日用通俗事物的百科全书。

它谈了民间节令，风俗、祭祀、诗文、人伦，在罗列父子、母子、兄弟、子孙、叔侄、夫妇的同时，也详细载录历史上著名的"妓妾""美人"典故、诗文。反映宋代社会的一些面貌，既有文化层面的内涵，又有世俗生活的呈现。反映了这一时代的风俗民情、物质生活，把形而上的思想，用形而下的具体实物来反映，呈现出宋代这一阶段的社会横向群体的生活现象。

真的，我在静嘉堂阅读此书时，绝对想不到六年后的2012年6月4日，江苏凤凰集团，在北京匡时春拍，以2.162亿元人民币竞得"过云楼"藏书《锦绣万花谷》一书，创下中国古籍善本拍卖的纪录。不久后，该集团又与平安保险公司，签下了高达五亿元的"过云楼"藏书保单，又创下中国艺术品单笔保单金额的纪录。这是我阅宋版书特别感兴趣的，然而也是不可想象的事。

西桦：你写这二十五部宋版书，肯定要阅读很多相关的材料，能举例谈一下你阅读了哪些相关资料吗？

张建智：对于阅读宋版书，可以说对于经史子集中的任何一部，均有大量的宋代以前的文史知识。譬如，我在书中写到的《三苏先生文粹》大刊本，它的目次分别是：卷一至卷十一，是苏老泉（苏洵）先生之文；卷十二至卷四十三，为苏东坡（苏轼）先生文；卷四十四至卷七十，为苏颍滨（苏辙）先生文。其中，还有后人所抄补的。你在静嘉堂，不可能一下子把它读完，那么，回来后必须收集与此部宋版书有关的资料，包括有关当年苏氏父子三人的许多文章，还要补习他们三人所经历的历史。举一个例子，为了了解三苏的当时生活状况，我重把林语堂、王水照两先生所写的《苏东坡传》阅读了好几遍，以寻找我需要的当年他们从老家到京赴考，以及从北宋至南宋的那段历史情景细节，这些对于我都是宝贵的。

同样写《白氏六帖事类集》这一章时，也是如此，白乐天之《六帖》，是为应科举而写，那么为何叫"六帖"呢？所谓的"帖"，在白居易那个时代，就是为科举服务的。用鲁迅的话说：

"选本可以借古人的文章，寓自己的意见。"

武则天时代，科举取士，逐渐成为官吏选拔的重要途径之一，《六帖》是白居易积累了社会、政治、法律、经济、文化等各类文献史料而成，是他自编的一部类书。所收录的唐代文献中，最可贵的，是律、令、格、式的若干条文。故我在撰此篇文章时，必进一步加深对这些东西的了解。尤其是深入了解白居易时代思想，他的许多诗歌反映了那时代的声音，也是必须深刻理会的。再则，你收集的历史或人物，大都有不同的史料记录，那你还得请教我所熟悉有关这方面的专家，进行研究探讨。然后再想怎么样把它写成一篇文章来介绍给读者，让读者喜读，这是很难的事。就是说不但要有史料，还要有形象！

西桦：我们有关宋版书的对谈，话题很多，乃或可谈出一部《中国宋版书史论》，但大家时间有限，我想再提一个问题，就是说对于现代人，如何亲近宋版书，或者就是说对于无法看到真正宋版书的人，如何通过浏览书影，或阅读介绍宋版书的一些文章，亲近古籍？

张建智：这个问题提得很好，也很重要。中国上下五千年的历史从未中断，就算用文字或图片记载下来的属于文化延伸出来的瑰宝，也从未中断过，然而经过几代人的努力，改变了"一穷二白"之局面，但整体文化水平尚有待提高，一般人只是停留在识字层面，或读些粗浅读物，而精益求精，读书致远，还跟不上时代飞跃的发展，况中国古籍内涵较深，一般人不太会去啃读，故现代人一般不会去亲近宋版（包括复制的宋版）。

宋版书不仅具有文献价值、文物价值，还蕴含着极高的艺术价值。其纸墨考究、装帧大气、刊刻精美、勘校严谨、开卷生香，完全是一件至善至美的艺术作品。我在静嘉堂看到的那么多宋版书，当时在心灵中生发的感叹与激情是无法言说的，只能独自去体悟。如真要去亲近宋版书，从我有限的读书经验，先通过精美的宋版书影，等于是先从一张艺术作品的图片，仔细审美端详，使一般读者有了喜欢，才能慢慢地去亲近古籍里的那些人物、那些文字，那些历史时代中的精华。人总是追求美的。若从"美学角度来讲，宋版书是美的存在"。当然，作为现代人去亲近宋版书，可能有一个喜欢的过程，这就是当人们的物质生活与精神生活、文化审美，逐渐提高到一定层次时，便自然会去亲近宋版书。

正如清代藏书家孙从添在《藏书纪要》中曾言："若说南北宋刻本，纸质罗纹不同，字画刻手，古劲而雅，墨气香淡，纸色苍润，展卷便有惊人之处。所谓墨香纸润，秀雅古劲，宋刻之妙尽之矣！"这位生活在清代人的寥寥数语，已替我勾勒出宋版书之美，凸显了宋人的美学理念与艺术追求。

同样的，回忆起我在静嘉堂阅书，拿上手的那本由李昉、李穆、徐铉等学者奉敕编纂的《太平御览》，你便会马上体会到这书的刊刻精美、点画精妙、镌工一流。你若再细细端详，那书影上每行字的排列，该细密处的细密，该空白处的留空，都有艺术上的讲究。再观其书法写得多美，真如同法帖一样（现代人学书法，还真可把其当作法帖而用）。你若再细观，那一枚枚的藏书红印章，放在哪个空间，让人享受一种美感，都别有讲究。当年那些千辛万苦的藏书家们，选择好一个雅号，请高手刻好印章，着落在宋代才具有的洁白纸上，其纸张历经千年，依旧洁白如新，柔韧剔透。墨色仍然黝黑如漆，墨韵飞动，熠熠生辉。版框

作者在静嘉堂（四）

和字体线条，紧密整齐，方俊硬朗，毫无瑕疵之感。这些，在静
嘉堂的阅书中，使我深深地感受到。可以使我的心灵，在一本书
中，体悟出多元的"大美绝伦"。对后世产生了深刻的影响。当
然，从世界的许多名画中同样能感受到大美，但两者之间，还是
有些区别。区别究竟在哪里？真让我讲不清。这是我在静嘉堂的
个人想法，不足为训也。

明代人谢肇淛，在《五杂组》中有言："书所以贵宋板者，
不唯点画无讹，亦且笺刻精好，若法帖然。凡宋刻有肥瘦两种，
肥者学颜，瘦者学欧。"宋代雕版印刷在字体，取法上延续唐、
五代的审美，崇尚欧阳询、颜真卿、柳公权的书法风格。总体而

言，北宋早期刻本多用欧体字，后来逐渐流行颜体，南宋以后又尚柳体。雕版的字体也最能反映版刻的地域风格。浙江刻本以欧体字为主，四川刻本多采用颜体，福建刻本以柳体居多。那个曾把杭湖当作自己后花园的叶梦得先生，他在一座山上，建造花园，筑起书屋，曾经藏书多达十万卷，在其《石林燕语》中说："今天下印书，以杭州为上，蜀本次之，福建为下。"

宋代清雅质朴的文人生活，是现代人在繁忙商业社会的一种向往，而领略宋版书的大美，与千年前的文字相遇，就不奇怪为何近年拍卖会上，一页宋版残页，屡屡创出天价。可见，当物质财富增长后，需要经历时间洗礼的文化传承，来重新锚定精神的原点。在现存很少的宋版书里，当你在恬淡宁静的精神世界里，打开一册宋版书阅读时，你能看到人文关怀和工匠精神的真正有机的融合。我想，文人的视野和素质，可以让我们用另一个角度来思考这个世界。

《访书对谈录》于癸卯年春节后、2023 年 1 月底录毕，修订达 5 次。

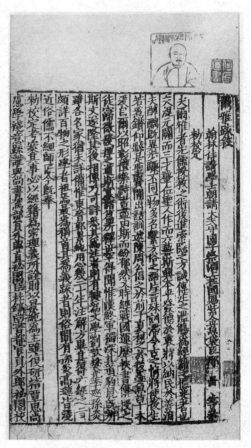

宋刊本《尔雅疏》

《尔雅疏》

　　《尔雅》是我国第一部汇释经典用语的综合性辞书，汇集了从春秋战国至秦汉间训诂研究的丰富成果。是书释古今异言，通方俗殊语，因而在中国文献学史上占有重要的地位。

　　作者，至今无确指。《大戴礼·孔子三朝记》曾称孔子教鲁哀公学《尔雅》。可见《尔雅》成书时代较远。鉴此，自上古起，研究者不断，据《进广雅表》，"周公著《尔雅》一篇"，据《经典释文》名《释诂》篇。今所传三篇，按：《汉志》，《尔雅》三卷。此三篇谓三卷。传说是孔子所增，或言子夏所益，或言叔孙通所补，或言沛郡梁文所考。解家所云，亦无确指。作为《尔雅》一书，流传至今，最有代表的，应是晋人郭璞的《尔雅注》。

　　郭璞，字景纯（276—324），河东郡闻喜县（今山西省闻喜县）人，是两晋时期著名文学家、训诂学家。其父郭瑗，曾任建平太守。西晋末年，郭璞为宣城太守殷祐参军。晋元帝时，拜著作佐郎，与王隐共撰《晋史》。后为大将军王敦记室参军，曾劝阻王敦谋反而遇害。王敦之乱平定后，追赠弘农太守。宋徽宗时追封郭璞闻喜伯，元顺帝时加封灵应侯。

　　郭璞《尔雅注》，因训语过于简练，到了宋代，随着《尔雅》经学地位的提高，又由邢昺奉敕作疏。他以《郭注》为主要参考，终撰成《尔雅疏》一书。当然，后世研究《尔雅》著作尚多，如有《尔雅正义》《尔雅义疏》和清代王念孙的《广雅疏证》等。2003年7月，北京图书馆出版社曾出版过《尔雅疏》全五册。

邢昺（932—1010），字叔明，曹州济阴郡（今山东曹县北）人，北宋学者、教育家，历任国子博士、国子祭酒、礼部尚书等职。他在吸收借鉴前人研究成果的基础上，作《尔雅疏》，从而疏通相关训义，特别运用音韵学的相关知识，揭示语词之间的音义关系和正借字的音义关系，表明字与字之间的通假关系，即正字和借字之间，必须具备音同或音近的语音条件，否则无以成立。

作为一部最早的古代词典，为了正确理解经义，辨析四方名物，书中辑录了大量的古代词语，加以整理、解释，开创了我国词典的先河，对后世有很大影响，也是研究先秦词汇，阅读古书的重要参考资料。是书不仅解释词语，还包含了广博的百科知识，描述了古代社会的面貌，反映了当时对天文、地理、生物等方面的理解，所以也是我们研究当时社会生活、思想状况的重要史料。

我在静嘉堂阅读了《尔雅疏》，看到这部曾经是乡前辈——吴兴南浔蒋氏原藏之宋版书，至今尚在这文库中，并亲见其存放在静嘉堂专为"重要文化财"所设的二楼书库，不免感慨万千。

在此，容我记述一笔这位有功于传承中国文化的藏书家。蒋汝藻先生（1876—1954），字孟蘋，号乐庵，清光绪二十九年（1903）中举，后任学部总务司郎中，参加过辛亥革命。其母是南浔富商刘镛的大女儿，父亲蒋锡绅与张謇、汤寿潜是挚友，故汤寿潜、刘锦藻任浙江铁路公司正、副总经理时，蒋汝藻为董事。杭州光复后，汤寿潜出任浙江省都督时，蒋汝藻任盐政局长。他曾在北京开设经营古董和字画的来远公司。蒋汝藻和南浔另一位大藏书家刘承干是姑表兄弟，且有着同样的爱好，即藏书、刻书。蒋汝藻每刻一部书，必先选好版本，并请名家校雠，用纸、用墨十分精良。即如影印本，也必将校出的错误附说明于书后。蒋氏《密韵楼丛书》计刻有七种：《曹子建文集》十卷，（魏）曹子建著，据宋本影刊；《吴郡图经续记》三卷，（宋）朱长文著，据宋本影刊；《草窗韵语》六卷，（宋）周密著，据宋本影刊；《李贺歌诗编》四卷，（唐）李贺著，据宋本影刊；《雪岩吟草甲卷忘机集》一卷，（宋）宋伯仁著，据宋本影刊；《青山集》三十卷，（宋）郭祥玉著，据宋本影刊；《窦氏联珠集》一卷，（唐）窦常等著，据宋本影刊。

但是，当我在日本东京静嘉堂捧读这部《尔雅疏》古籍时，心情却并不一般。一是因为它在学术史上具有重要价值，二是此宋版书是吾乡蒋氏家族所藏，看到后就更有一番乡愁所蕴。此书虽历经千年磨难，至今却依然留存于世，我观书之品相，还那么好而完整。再则，又是吾乡原皕宋楼所藏，且流入日本已有一百多年。一部曾有多少人探寻过的宋刊书，流入异国他乡，在一百多年流传了多少藏家后，我有幸在这异域读书室品读，真可谓忧喜参半。

在日本静嘉堂时，女司书成泽麻子，将这部现藏于静嘉堂文库的十卷《尔雅疏》，分两次用一个特制的托盘，很小心地从专用所藏的书库中取出，当把五册珍稀古书展现在我们面前时，我的心为之惊动万分。

这部书，当年陆心源曾定为"北宋咸平初刊本"（公元 1002年的刊出本），其实百年来，学界对这部宋刊之版本源流，有不同的争论。但最后考定陆氏所藏，却是南宋前期刊本。那日，我读《尔雅疏》藏本之首册副卷上，有明人海翁（偶桓）的手识文，他说：

> 尔雅疏一册，乃的真宋板，……封面为宋白麻纸，此亦希世之物，较宋板书更不可得。

但王国维先生在其《宋刊本尔雅疏跋》一文中，认为皕宋楼陆氏所藏刊本，实是南宋初期刻本。（见《观堂集林》卷二十一）他认为：

> 宋刊《尔雅疏》十卷，原乌程（吴兴）蒋氏所藏，每半页十五行，行三十字。明文渊阁旧藏，同乡陈仲鱼在文中已有著录。……而《尔雅疏》旧藏，有吴门黄氏、归安陆氏二本。尔后，黄氏所藏已佚，于是仅有陆心源皕宋楼所藏了。

王国维先生对此藏本还做评说：

> ……此本犹是咸平旧式，然于钦宗嫌名恒字，高宗嫌名媾字，皆阙一笔，乃南渡后重刊北宋监本，又经元明修补者也。

王国维先生考证北宋监本实于靖康中，即（1126—1127），为金人辇之西北，故宋南渡后，才有南宋重刊经疏版本之出现。如南宋绍兴九年（1139）刊出过，至绍兴十五年（1145）也曾刊过这类本子。所以，王国维先生认定原皕宋楼陆心源所藏、现流入日本静嘉堂文库的《尔雅疏》十卷，应该是"南宋所刊单疏旧版也"。

当然，此刊本《尔雅疏》，自元后已不再多印，当属珍贵之宋版本。如今，我在静嘉堂所读到陆心源先生原藏皕宋楼之《尔雅疏》，在卷头有四十五岁陆之石刻小像，那是戊寅二月（1878）所刻，卷中有归安陆树声叔同父印章。另书中有先于皕宋楼所藏的一些藏书家之印章。如原"嘉兴新丰乡人唐翰题收藏印""何氏藏书""崆峒化城"等十多枚藏书家的收藏印章，这些各具形状、不同种类之印章，都是当年有名的篆刻家所刻，一如这些当年有名的宋代书页之刻工，他们的名字，现尚依稀可辨。

见书怀人，在那"秀色不可名，异域三千里"的日本静嘉堂，翻阅着这部古籍，真有点儿像叶公见到真龙之感。每一页字里行间，充满了多少传奇故事，充满了多少凄楚辛酸，甚或有多少废兴衰亡的生命历程。

那日东京正下小雨，中午，我们就在静嘉堂内静坐休息一会儿，主人念我们远道而来，专为我们泡了一壶日本绿茶，我们就在这堂内阅览室简单用了午餐，（因静嘉堂一般不随便接待学者访书，更不用说借用室内午餐了）。那一刻，当坐在静得几乎没一点声响的静嘉堂内，听着外边的丝丝雨声、潺潺的溪水声，以及日本东京特有的大乌鸦的叫声。一生中唯此次看到这么多珍稀的宋版书，我的心中禁不住浮想联翩……我想，如把这些宋版书在不同时期的收藏家们，他们之读书收书、淘书觅书、买书卖书之历史逸事，一章章反映于人世间的话，那么，这世界的藏书文化史，将变得更丰富、更神秘、更具多维时空魅力。

苏东坡曾说："江山风月，本无常主，闲者便是主人。"世上几千年传承下来的书，确无常主，但这些人所留下的名字，曾经许是闲者，但他们都是书的主人，也是精神财富的忠诚守护者。今日，在异国东京，每读一页这难得一见之宋版书时，我都默默地用笔录下了他们的名字。在轻轻念出他们的每一个姓名时，无不肃然起敬！

下录静嘉堂版本见状：

《尔雅疏》（单疏本）：一〇卷，宋邢昺奉敕撰，南宋前期刊，宋、元、明初递修五册。

尺寸：9.4厘米×16.8厘米。

序目：尔雅疏叙，翰林侍讲学士朝请大夫守国子祭酒上柱国赐紫金鱼袋臣邢昺等奉敕校定。

版式：左右双边（20.5厘米×14.4厘米），有界，每半页十五行，每行三十字。内外版心白口，单黑鱼尾。

宋讳：玄、弦、眩、炫、铉、敬、警、惊、弘、殷、匡、胤、恒、桢、慎等字间有缺笔。

刻者姓名：（宋补刻）方中吴、王恭、吴祐、施昌、徐荣、章忠、沈文、张坚、张斌、张明、陈浩、郑春、范坚、杨昌、李仲、（元补刻）徐友山、孙开一、王正、士元、士中、谢成、徐良、陶尚、俞声、李庚、李祥、李宝。

题跋：首册副页有海翁（明人偶桓）手识文。文曰：尔雅疏一册，乃的真宋板，元致和元年册纸所印也。考"致和"为元文宗年号，当时去宋未远，其铦铩犹有存者，可喜也。封面为宋白麻纸，此亦稀世之物，较宋板书更不可得。海翁。(文后有"海翁"朱文方印)

藏书印：此本卷中有何氏藏书、崆峒化城、鹤安校勘秘籍、溪柴裛、溪柴、嘉兴新丰乡人唐翰题收藏印、海翁裛、存斋四十五岁小像戊寅二月某石并刊、归安陆树声叔桐父印等。

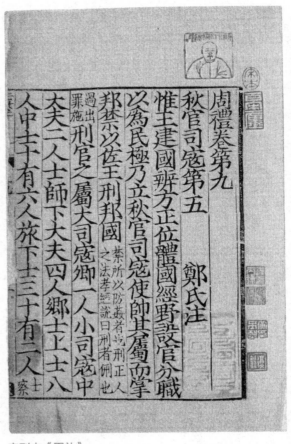

周禮卷第九

秋官司寇第五　　　　鄭氏注

惟王建國辨方正位體國經野設官分職
以為民極乃立秋官司寇使帥其屬而掌
邦禁以佐王刑邦國　禁所以防姦者也刑正人
之法孝經說曰刑者侀也　過出罪施
刑官之屬大司寇卿一人小司寇中
大夫二人士師下大夫四人鄉士上八
人中士十有六人旅下士三十有二人

宋刊本《周礼》

《周礼注》

　　周朝结束了奴隶制社会，开始了封建制社会。从西周开始，建立了一整套统治制度，其内容涉及土地制度、官职制度，以及车制、郊野之制、兵器制度、朝觐制度等。用文字记录下这些制度的便是《周礼》。如何来笺释《周礼》？代代有人对前人《周礼》进行研究，做了整理和总结。

　　到了东汉，由郑玄（127—200）在前人杜子春、郑兴、郑众、卫宏、贾遗等经学研究的基础上，广搜博稽，训样及文，阐述礼制，正字读音，纠经衍误，做了整理和总结，而形成专著《周礼注》。

　　《周礼》是中国封建社会的开端，其涉及范围广泛，对后世影响深远。自刘歆校理秘书后，《周礼》之传授，未有间断，注家蜂起。如《周礼注》《周礼解诂》，马融撰的《周官传》等。且从上古周朝开始，一路下来凡唐、宋、元、明、清，均有注本。更有刻在石头上的：五代后蜀主孟昶命毋昭裔于广政十四年（951）刊《周礼》等十经于石。北宋时增补为十三经。南宋时，晁公武又刻《石经考异》于诸经之后。此即《蜀石经》，又名《广政石经》。《广政石经》可谓是我国历史上唯一附有周礼注文的石经。

郑玄的《周礼注》虽然博综今古文经学，兼采诸家异说，然并非是杂采，而是以《周礼》古学为主，以《周礼》为宗来进行注解的。郑玄认为《周礼》是周公所作，是治国安邦的大经大法，他在注《周礼·天官·冢宰》时明确说道："唯王建国""周公居摄而作六典之职，谓之《周礼》。营邑于土中，七年致政于成王，以此礼授之，使居洛邑，治天下。"郑玄还认为："念述先圣之元义，思整百家之不齐。"（《后汉书·郑玄传》）他主张以《周礼》为经，可以正别书，而不能据别书，以解《周礼》。认为其他的经书也必以《周礼》为主体。这无不让周朝在中国统治了近八百年，给后人于思想上的定格。

郑玄《周礼注》中对《仪礼》十七篇都有称引，引《礼记》诸篇更多，还引有《大戴礼记》中的《朝事》《卫将军文子》等篇。《周礼注》引述诸家之说，范围之广可见一斑。例如，《周礼·地官·乡大夫》："此谓使民兴贤，出使长之；使民兴能，入使治之。"

郑玄注引用了《老子》来解释："《老子》曰：'圣人无常心，以百姓心为心。'如是则古今未有遗民而可为治。"《周礼注》引用《司马法》达十余处之多，此外，《周礼注》中还引用有法家、农家、兵家、天文家、历数家、五行家、医方家等诸家之说以解经。郑注《周礼》综览前儒，兼采前注，择善而从，成为集大成之作。

宋刻本《周礼》版本尚多，现举几个版本，为例如下：

宋刻本《周礼注》十二卷，汉郑玄注，唐陆德明释文。

《木犀轩藏书题记及书录》，此《藏园群书经眼录》有详细记载。今藏北京大学图书馆。

　　宋刻本《周礼》十二卷，汉郑玄注，唐陆德明释文，宋刻本，十行十九字，小字双行二十三字，细黑口，四周双边有耳，十二册。有费念慈跋。此本与李盛铎所云"极似建余仁仲本"者行款同。今藏北京图书馆。

宋刻本《周礼》十二卷，汉郑玄注，唐陆德明释文，《木犀轩藏书题记及书录》云：

　　《周礼》十二卷，宋刊本，半页十行，（行）十九字，小字双行，行二十三字，黑线口，四周双边。左栏外上方有六官上、下字样。开卷'周礼卷第一'，次行低二格'唐国子博士兼太子中允赠齐州刺史吴县'，三行低两格，开国男陆，空一格，德明，又空一格，释文附，（卷二以下无此二行）四行，天官冢宰第一，空七格，郑氏注，五行低两格双行释文。以下各卷体式皆同。'音义'二字用黑盖子白文，宋讳及嫌名或缺笔，或不缺，皆加墨围，板心上间有字数，板心下间有刊工姓名。刊工为仲甫、江成、应成、李元明、蔡虽彦通、刘丁。鱼尾下题周几，或周礼几，不画一。通体有句读四声，字体极似建余仁仲本，但版式略大耳。

宋刻本《周礼》十二卷，汉郑玄注，唐陆德明释文《藏园群书经眼录》云："《周礼注》十二卷，汉郑玄注，唐陆德明释文，存卷第七、八，共二卷，宋刊本，半页十一行，每行二十三字，注双行同，黑口左右双栏。按：此本刊工款式与余所藏监本纂图互注礼记同。（日本静嘉堂文库藏书，己巳十一月十三日阅）"今藏日本静嘉堂文库。

而我在静嘉堂所见宋版情况如下：

《周礼》：存二卷（卷九、一〇），汉郑玄注，南宋刊（蜀大字本），两册。

尺寸：32.5厘米×22.2厘米。

版式：左右双边（23.7×16.0厘米），有界，每半页八行，每行十六字，注文双行二十一字，版心白口，单黑鱼尾。

宋讳：玄、县、殷、筐、恒、徵、让、桓、慎等。

刻工姓名：加程换、王厅、子言、子林、老厅等。

藏书印：黄丕烈印、复翁、士礼居藏、百宋一廛、汪士钟印、阆源真赏、宋本存斋四十五岁小像戊寅二月某石并刊、归安陆树声叔桐父印、臣陆树声、判读不明蒙古文官印。

卷末黄丕烈手跋二通：

其一，清嘉庆十九年（1814）文曰：

倚树吟轩杨氏，余幼时读书处也。其主人延名师课诸子。有伯子才而夭。余就读时，与仲氏偕时同笔砚，情意殊投合也，其家有残宋蜀大字本《周礼秋官》二册。盖书友诡称样本，持十金去以取全书，久而未至，亦遂置之。余稍长，喜讲求古书，从偕时乞得，登诸《百宋一廛赋》中。偕时亦不以余为豪夺也。客岁，偕时病殁，年才五十有四，从此失一良友，甚可伤也。余今春耳目之力渐衰，偶有小恙，即畏风恶寒，久不至外堂。日于楼下西箱静坐养疴，检点群书，偶及此书，因记曩事如此。人往风微，睹此赠物，益增伤感，而此残鳞片甲，犹见蜀本规模，胜似后来诸宋刻。余所见有纂图互注本，有点校京本，有余氏万卷堂本，有残岳本。幸叨良友之赠，物以人重，人又以物重也。甲戌闰二月一日，复翁黄丕烈识。时积雪盈庭，春寒透骨，窗外又飘飘未止也，奈何奈何！

其二，清嘉庆二十年（1815）文曰：

余年来家事日增，精神日减，校书一事久废。然由博反约，尚喜手校经籍。此《周礼》蜀本残帙，向未校出，今秋新收残岳本《地》《春》二官，手校于嘉靖本上。因复校此《秋官》以俪之，《周礼》善本六官有半矣。岂不幸哉！

乙亥冬孟二十有五日，复翁

当我读了此两则文字，真为这些藏书家辛苦努力，为孜孜不倦保存这些千年的文化遗物而感动。殊不知那些藏书家要从众多的文献中，去选择有价值的善本，就在这过程中，要花多少精力（这绝不是从图书馆，或书店里去淘一本旧书的功夫），自花多少金钱，并且平时还要不断学习、研究各种知识，把经验成果撰写成文章。

这是在为谁辛劳呢？为谁保存呢？此时的黄丕烈先生，已是暮年晚境，因于力衰，只能安静病休，可他在冬日里，畏风恶寒中，用双手翻阅那些破故纸成堆的文献，动手复校。这要有多深厚的人文精神，多宽广的无私胸怀，作支撑啊！我读这两篇手跋，真是感慨万千，不胜悲喜交集。因为这些他们热爱了一生的、一掷千金的瑰宝，都如流水般流走了也。

另，我在静嘉堂，还见有《周礼》宋刊本两种，也录之如下：

一是，《周礼》（附音重言重意互注本）为宋宁宗时婺州刊本的残本三卷，是陆心源旧藏流入的。存三卷（卷七至九），汉郑玄注，南宋刊（建安）一册。

尺寸：22.0 厘米 ×13.3 厘米。

版式：左右双边（13.9 厘米 ×9.0 厘米），有界，每半页十二行，每行二十三字，注文双行二十三字，版心线黑口，双黑鱼尾，大小字数，耳格（篇名）。

宋讳：匡、恒、慎、敦等。

藏书印：臣陆树声、归安陆树声叔桐父印。

二是，《纂图互注周礼》一二卷，图说篇目一卷（也是陆心源的旧藏所流入静嘉堂的）。汉郑玄注，唐陆德明释文，南宋刊（建安）十二册。

尺寸：26.5 厘米 ×16.0 厘米。

序目：《周礼》经图，《周礼》篇目。

版式：左右双边（18.4 厘米 ×11.7 厘米），有界，每半页十二行，每行二十一字，注文双行二十五字，版心线黑口双黑鱼尾，耳格。

宋讳：匡、筐、胤、恒、贞、赪、徵、树、桓、慎、惇、敦。

刻工姓名：朱明玉、仔夫等。

藏书印：古爽鸠氏、易安斋、怡静、怡心印、端午生、湘云馆、陆煜、煜印、小酉馆图书之印、五芝亭、壹经传卉、归安陆树声叔、桐父印、臣陆树声。

高帝紀第一下

漢書一

班固

正議大夫行祕書少監琅邪縣開國子顏師古 注

五年冬十月漢王追項羽至陽夏南〔師古曰音雅反〕止軍與齊王信魏相
國越期會擊楚至固陵〔晉灼曰固始也師古曰固始陵名為固始耳地理志固始屬淮陽〕
漢王復入壁深塹而守謂張良曰諸侯不從柰何對曰楚兵且破之未
有分地〔李奇曰信越未有分地師古曰分讀曰份〕其不至固宜然也君王能與共天下可
立致也〔師古曰裒引而共有天下〕齊王信之立非君王意信亦不自堅
〔師古曰言文全反〕而君王不早定今能取睢陽以北至穀城皆以王彭越
傳海與齊王信〔師古曰傳音直戀反〕信家在楚其意欲復得故邑能出捐此地以許
兩人〔師古曰捐棄也〕使各自為戰則楚易敗也於是漢王發使使韓信彭越
至皆引兵來十一月劉賈入楚地圍壽春漢亦遣人誘楚大司馬周殷
〔如淳曰殷故九江王布所署〕殷叛楚以舒屠六〔師古曰舒六皆九江郡縣名也後屬廬江郡〕舉九江兵迎
布並行屠城父〔師古曰城父縣名父音甫〕隨劉賈皆會十二月圍羽垓下

《汉书》

　　《汉书》，又称《前汉书》，是中国第一部纪传体断代史，"二十四史"之一。由东汉史学家班固（32—92）编撰，前后历时二十余年，约于建初年中（76—83）基本完成。《汉书》八表，是由班固之妹班昭，补写而成。班固，东汉辞赋家、史学家，字孟坚，扶风安陵（今陕西咸阳）人，其辞赋著作《两都赋》，开创了京都赋的范例。班固在经学理论研究上，编辑撰成《白虎通义》，是集当时经学之大成。其父班彪，是著名学者，曾作《史记后传》六十五篇，补写《史记》之后的历史。此乃继《史记》后，又一部重要史书。如从中国文学史发展看，《楚辞》《汉赋》与《史记》是《易经》《诗经》之后传承下来的。

　　静嘉堂文库所藏宋版《汉书》共有三种版本。一种是宋绍兴年间，由湖北提举茶盐司，刊出一百卷（四十册）。一种为南宋前期（两淮江东转运司）宋元递修明印刊本，今仅存残本五卷，四册。另一种是宋版史部汉书（《后汉书》合刻本）一百卷（五十册）。均为唐代颜师古注。

　　我在静嘉堂亲见的是，宋高宗绍兴年间（1131—1162）湖北提举茶盐司刊本一百卷。卷中有宋孝宗淳熙二年（1175）、宋光宗绍熙四年（1193）及宋宁宗庆元四年（1199）修补，计四十册。而湖北提举茶盐司《汉书》一百卷本，此书原系明人孙道静、清人汪士钟等旧物，后归陆心源，后于1907年，落入静嘉堂。

现把我在静嘉堂亲见所录如下：

《汉书》：一〇〇卷　汉班固撰　唐颜师古注　宋绍兴刊（湖北提举茶盐司）淳熙二年、绍熙四年、庆元四年递修四十册

尺寸：框高29.3厘米，宽18.0厘米

序目：《汉书》叙例　正义大夫行秘书少监琅邪县开国子颜师古注。湖北提举茶盐司新刊《汉书》目录。卷末有补刻和题跋。

跋文有三则：

一、宋绍熙癸丑（1193）张孝曾跋文曰：

湖北庾司旧所刊《西汉史》，今五六十年。壬辰岁，前提举官梅公尝修治，今又二十余年矣。锓木既久，板缺字脱，观者病之。余将命于兹职事，暇日因取其朽腐漫漶者凡百二百有七板，命工重刊，或加修剔，俾稍如旧，以便阅览。然板刻岁深，劳于棱墨，则损坏日增，此理必然。随时缮治，诚有待于来者。因志其后以告。绍熙癸丑二月望日溧阳张孝曾题。（此跋文每半叶有界九行，行十九字。）

二、宋淳熙二年（1175）黄杲、沈纶二人校正，共撰跋文曰：

右孟坚所书，二百二十年间列辟之达道，名臣大范，贤能之志业，黔黎之风美具焉。柳柳州尝评其文云："商周之

前，其文简而野，魏晋以降，则荡而靡，得至中者汉氏。"抑至言乎！湖北外台尝镂诸版。岁月穷深，字画漫漶，且注误脱落，背理害文，学者病焉。外府丞姑苏梅公为部刺史，自公之暇，倾谓杲辈，储而正之。于是，集诸校本，参订非是，凡改窜者数百字，泯灭则复书。郡太守番易张公，以治辨称，实尸厥事，乃庀工修镂为成书。时淳熙二载季夏十日，宪幕三山黄杲升卿，宜兴沈纶季言叙。（此跋文每半叶有界九行，行二十字）

此跋文后有列衔名录四行，其名曰：

迪功郎荆湖北路提点刑狱司　干办公事　沈纶校正

从事郎荆湖北路提点刑狱司　检法官　黄杲校正

朝请大夫知常德军府事　提举常德府澧辰沅靖州兵马盗贼公事　张涛

朝奉大夫提举荆湖北路常平茶盐公事　梅世昌

三、宋庆元戊午（1198）梁季珌跋文曰：

本司旧有《西汉史》，岁久益漫，因命工刊整，计一百七十版。仍委常德法曹庐陵郭洵直是正讹／舛二千五百五十八字，庶几复为全书云。庆元戊午中元括苍　梁季珌题。（此跋文每半叶有界九行，行十二字）

版式：左右双边（22.1 厘米 ×13.7 厘米），有界，每半叶十四行，每行二十六至二十九字，注文双行三十一至四十字，版心白口，单黑鱼尾或双黑鱼尾。

宋讳：玄、弦、眩、絃、敬、警、惊、竟、境、弘、殷、匡、恒、祯、贞、徵、懲、署、树、让、勖、桓、完、构、沟、

购、觳、肴、慎等

刻工姓名：龚行成、蔡伯道、邹禹臣、张彦振、陈景通、王元、王亢、王厚、魏真、龚成、阮明、胡遵、胡尊、吴诩、吴轸、黄执、黄善、黄宥、谢德、周贵、周震、周礼、萧宁、沈明、宋超、谭柄、张振、张善、陈仅、陈庆、陈彦、陈升、陈肇、陈通、陈德、陈伴、杜明、杨宪、李格、李建、李棣、李垫、刘真、刘定、刘丙、廖安、（补刻）汪世安、蔡伯达、谢汝楫、周士贵、张慎行、杜良贤、余光祖（余光）、李祖训、吴成、向叙、蔡中、谢海、周逢、秦逸、宋宏、张贵、张行、张政、陈瑾、杜彦、杜琳、余舜、余中、刘钧、吕荣。

此外，（首册）副叶上，还有明代正德二年（1507）孙道静的手识文如下：

> 余见宋板汉史不下五六部，未有若此之全妙者，子孙其永保之。正德二年三月，丹阳孙道静重装两套，题系旧人笔，不敢易也（"景瞻"朱文方印）。（"景瞻"朱文方印）此世之罕物也。（"君·宠"朱文方印·白文方印）

藏书印：文征明印、衡山、臣恩海、鹤峰（二种）、恩海私印、汪士钟印、蓺芸主人、赵宋本、笃生、陈淳私印、似道复印翠雨堂图书印、山阴谢执黄季用甫观、飞云阁、鹏阳、陈氏宗穆曹昭殷氏、归安陆树声叔桐父印。

民国初，傅增湘先生在他的《藏园群书经眼录》中，曾说"此书为庆元修后初印本，古雅精湛，纸墨焕发，光彩照目，使人爱不释手"。

现再把静嘉堂另外所藏两个刊本，介绍如下，以便未能至静嘉堂文库阅读珍稀宋版书者，作为研究参考：

一、《汉书》（《后汉书》合刻本）：一〇〇卷，汉班固撰，唐颜师古注，南宋后期刊（福唐郡庠），元大德、至大、延祐、元统、明初递修，五十册。

尺寸：26.0厘米×17.7厘米。

序目：前汉书目录（第一叶抄补）。

版式：左右双边（21.4厘米×14.8厘米），有界，每半叶十行，每行十八字，注文双行二十五字，版心白口，双黑鱼尾。

宋讳：玄、弦、絃、县、敬、警、惊、镜、竟、弘、殷、匡、筐、恒、贞、徵、让、桓、完、构、讲、沟、遘、毂。

刻工姓名：王光、王佑、阮忠、胡恩、江华、黄琮、周正、周礼、薛林、张荣、张得、陈杞、陈采、郑信、郑全、郑统、郑埜、郑立　潘亮、杨庆、李发、林景、林仁、（大德八年、九年补刻）、江士坚（士坚）、江世亨、黄仁父（仁父）、生士、坚（士坚）、刘震卿（震卿）、吕文震（文震）、益山、王文、禾甫、玉泉、玉全、君玉　君祥、君甫、君辅公直、公迪、江亨、洪信、士安、士高　士兴、子华、子高子青、子清、子通、子敏、子龙、信甫　仁甫、正父、政卿仲和、陈惠、天祐、传甫、德润、德中　德仲、巴山、伯玉范禾、文振、文正、文足、文仲、余仁、刘通、和甫、（至大元年补刻）、丘卿、震口　（延祐二年补刻）志、辰、宸、木、埜、林　（元统二年补刻）、余安卿（安卿）、君祐、寿甫、秀甫、邹定　东山、德右、梁德、（元补刻）王介、胜

之（刻年不详）、仲昶等，

藏书印：归安陆树声叔桐父印。

二、《汉书》：存五卷，汉班固撰，唐颜师古注，南宋前期刊，（两淮江东转运司）宋、元递修，明印，四册。

尺寸：30.7 厘米 ×21.5 厘米。

版式：左右双边（22.9 厘米 ×17.4 厘米），有界，每半叶九行、每行十六字、注文双行二十字、版心线黑口。

宋讳：玄、弦、眩、县、悬、敬、警、惊、竟、境、弘、殷、匡、恒、徵、懲、贞、树、让、勖、桓、完、源、购、慎等。

刻工姓名：王举、孙升、卓宥、陈询、余坦、李景、李宪、李俊、李询、周元辅、叶克己、王永、王荣、王恩、王涣、王徽、王成、王全、王珍、许源、金华、金茂、惠道、洪新、洪先、洪茂、崔彦、蔡通、施泽、朱静、寿之、周常、周用、徐侃、徐颜、徐逵、徐仁、徐定、章宇、蒋就、沈恭、沈亨、沈升、任韦、孙楹、孙格、卓受、张圭、陈从、陈庠、陈伸、陈真、陈仁、陈说、董晖、董昕、董明、包政、毛彦、毛谅、余竑、李升、李仲、李度、李文、李懋、陆永、刘源、刘仲、林俊、娄谨、（元补刻）胡庆十四、王细孙、朱曾九、章文郁、蒋佛老、张阿狗、陈允升、陈明二、茅化龙、茅文龙、王中、何通、士中、朱六、徐永、徐文、章文、蒋蚕、蒋七、张三、张珍、滕庆、文玉、俞荣、李庚等。

藏书印：尚宝少卿袁氏忠彻印、尚宝少卿袁记、归安陆树声叔桐父印。

此书已成为"日本重要文化财"国宝。

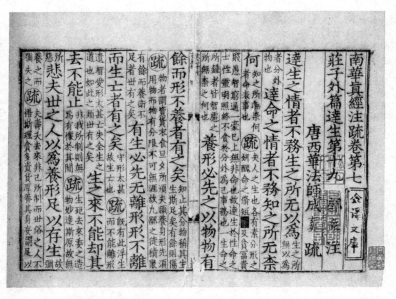

宋刊本《南华真经注疏》

《南华真经注疏》

　　庄子（约前369—前286），名周，字子休，著名的思想家、哲学家和文学家。庄子为人崇尚自由，因不受同宗楚威王之聘，生平只做过漆园吏。庄子是老子思想的继承和发展者。后世将他与老子并称为"老庄"。他们的哲学思想体系，被思想学术界尊为"老庄哲学"。

　　《庄子》一书，无疑是最受人喜爱的优秀经典作品之一。《庄子》于书中描写的苍茫无垠的北冥、奋鳍击水的巨鲲、展翅中天的大鹏，自然会把读者带入一个全新的世界。而庄子不事权贵的高贵人格、热爱自然的真挚情怀、玄迈高远的理想追求，也不时地打动着尘世中人们的心灵，《庄子》似引导人们从物欲杂俗中，解放出来，去追求逍遥自适的精神境界。正因为如此，所以《庄子》几千年来，总是备受人们的关注和喜爱，人们不仅在日常中谈论《庄子》、品评《庄子》，在学术上，注解《庄子》、援引《庄子》，而且在精神上仰慕庄子，在行为上仿效庄子。如此，则形成了中国文化史上源远流长、蔚为大观的"庄子文化"。

　　记得那年到成都，天下着雨，因以前读过《庄子现代版》，故特去流沙河先生家拜望，我们谈了许多书话，当然少不了谈到他在电视上讲的庄子。沙老谈庄子，体现了他对庄子其人、其书的理解，也渗透着沙老对自己一生风雨的体悟和省思，使原本极具哲学思辨性的《庄子》，不再抽象难懂，而变得亲切可感，富于启示意义。体现了沙老爱国忧民的仁者情怀、勇于自嘲的谐趣智慧、随性自适的散淡性情。沙老是以一个古文学家和诗人的身份，来谈庄子，从中可见庄子一尘不染的诗心妙趣。

那天，他还把新近出版的著作签名赠我。后来，我还接到他夫人用快递寄来的两册沙老著作。今日，因写到宋版《南华真经注疏》，故在此赘以几句，以表铭记。

《南华真经》即《庄子》，是庄周在战国时所撰。到了唐代，唐玄宗于天宝元年，诏封庄子为"南华真人"，后人尊其书为《南华真经》，和老子的《道德经》一样，是中国传统文化最重要的经典之一。

我在静嘉堂阅读到的《南华真经注疏》，是南宋年间的刊本，由晋代郭象注。郭象（252—312），字子玄，晋河南（今河南洛阳）人。西晋时玄学家，官至黄门侍郎、太傅主簿。注《庄子》，别成一书。至唐由成玄英（608—669）注疏。此书又名《庄子注疏》，清人编纂的《四库全书》，未能著录。此书为中世纪时期日本金泽文库旧藏，仅存五册。

据严绍璗《日本藏汉籍珍本追踪记实》之八《在静嘉堂文库访国宝》所录："南宋宁宗年间刊本（残本）五卷。卷前有《南华真经疏序》，第四页系写补，题唐西华法师成玄英撰。次有《南华真经序》，第一页系写补，题河南郭象子玄撰。是书全十卷。此本今存卷一、卷七至卷十，存卷中有多叶写补。"

此本版式：33.4厘米×20.7厘米，为蝴蝶装。左右双边

（22.6厘米×16.5厘米）。有界，每半页八行，每行十五字，注文双行，行二十字。版心白口，双黑鱼尾，有耳格记篇名。版心记大小字数。

静嘉堂所藏卷中，有清光绪九年杨守敬手识文。杨守敬（1839—1915），湖北宜都人，晚清著名学者，生平著述有八十多种，涉及历史地理学、版本目录学、金石学等各个方面。此书又有清光绪十年黎昌庶手识文。此本被刻入《古逸丛书》中，当年尚存卷二及卷三（凡二十二页），今已佚失。

清光绪年间，清廷驻日公使黎庶昌（纯斋）曾面见此书。今卷末有清光绪十年（1884）春黎庶昌手识文。（也见《古逸丛书叙目》）其文曰：

南宋本《庄子注疏》十卷，首题《南华真经注疏》卷第几，次题《庄子》某篇某名第几，郭象注。次题唐西华法师成玄英疏，分为十卷，与《宋·艺文志》同。又于每卷内题某篇某名第几，郭象注。以还子玄之旧，故分言之则为三十三卷，合言之则十卷也。……此本为日本新见旗山所藏，字大如钱，作蝴蝶装，仅存十分之五。予见而悦之，以金币为请。新见氏重是先代手泽，不欲售，愿假以西法影照上木，而留其真。予又别于肆中收得《养生主》一卷、《德充符》数页，为新见氏所无，并举而归之。然尚阙《应帝王》以迄《至乐》，因取坊刻本成《疏》，校订缮补，而别集他卷字当之，不足者，命工仿写。盖极钩心斗角之苦矣。天下至大，设异日宋本复出，取以与此数卷相校，字体多不类，读者当推原其故也。……大清光绪十年（1884）春王正月三日。遵义黎庶昌。

此文后有"纯斋"朱文方印,"黎庶昌印"白文方印。

黎庶昌(1837—1898),字纯斋,生于贵州遵义。先后随郭嵩焘、曾纪泽、陈兰彬等出使欧洲,历任驻英吉利、德意志、法兰西、西班牙使馆参赞。在欧洲五年,游历了比利时、瑞士、葡萄牙、奥地利等十国,注意考察各国政治、经济、军事、文化、地理和民俗风情等,写成《西洋杂志》一书,成为清代黔北走出封闭"睁眼看世界"的第一人。光绪七年(1881),擢升道员,赐二品顶戴,派任驻日本国大臣。但他在日本从事的主要是把流入在域的古文献复印至国内来。主要是编印了《古逸丛书》,这部书共二十六种二百卷,是我国早已散佚而流存日本的唐、宋、元、明珍贵古籍。

清光绪九年(1883)秋,又有杨守敬对《庄子注疏》的手识文。其文曰:

> 《庄子注疏》残本五册,南宋刊本,郭象注,唐成玄英疏。宋椠本原十卷,缺卷二至六凡五卷(现存卷一、卷七至卷十),是新见义卿赐芦文库旧藏。
>
> 按:新见氏藏书最富,余曾见其书目。森立之《访古志》亦往往引之。后其书散佚,其孙新见旗山君,又从他处购还,此本是也。会星使黎公酷嗜《庄子》书,以为传世无善本,而成《疏》又在若成若亡间,谋重刊之。先是日本万治间(1658—1660)书坊有刊此书者,分为三十三卷。其中多俗讹字,盖从古抄本出。(原文注曰:日本别有旧抄本

三十三卷，藏石经山房。）

市野光彦以《道藏》本校之，藏向山黄村处。黎公以为坊刻，字体虽恶劣，而足以补宋本之缺。又从市上购得宋本第三卷凡二十二页，盖即旗山本之所佚者。乃谋之旗山，欲得其本上梓。旗山则以先世手泽所留，虽千金不售。夫以五六册残书云千金不售，可谓至奇；而其坚守先业，亦可谓至笃。黎公乃从旗山借宋本，以西洋法影照而刻之。其所缺之卷，则参校坊刻本集宋本之字以成之。夫以法照影刻书，前世未闻，而集字成书，尤为异想。此以新见氏抱残篇如拱璧者，可秒钟双绝。……旗山既能守之。又能借之他人模刻以传，自今以往，海东西莫不知此书为新见氏旧藏者，则旗山之孝为何如乎。

光绪癸未（1883）秋九月，宜都杨守敬记

此文后有"杨守敬印"白文方印。

刻工姓名：方文、杜寄、陈文、呈文、蓝文、李庆、李信、刘生、刘聪、刘丙、刘炳、何开、葛文、余享、叶琪等。

卷中避宋讳，凡玄、县、悬、殷、匡、恒、贞、征、树、让、桓、完等字皆缺笔。

此本已被日本文化财审议委员会，确认为"日本重要文化财"。

另，《静嘉堂文库的古典籍：第一回　中国宋元时代的版本》于1994年印制。其第二十六页上记有《南华真经注疏》。此刊本端正严格，为大字本的宋版逸品。

近现代流传的《庄子》文本，是源于清光绪九年（1883）杨

守敬、十年黎庶昌，复刻《古逸丛书》时，覆宋本《南华真经注疏》。此宋本《南华真经注疏》是据日本金泽文库、赐芦文库、松方文库等所藏南宋残本（今藏静嘉堂文库），及日本万治坊刻本《庄子注疏》三十三卷，参校《正统道藏》本《南华真经注疏》三十五卷，重刻而成。因《丛书》所据，多为宋元旧本，且刻印精美，影响深远。

（注：此《静嘉堂文库的古典籍：第一回　中国宋元时代的版本》是静嘉堂文库自印本，前由老库长寅山米太郎撰小序文。于2006年5月17日由增田晴美、成泽麻子所赠。深为感谢。）

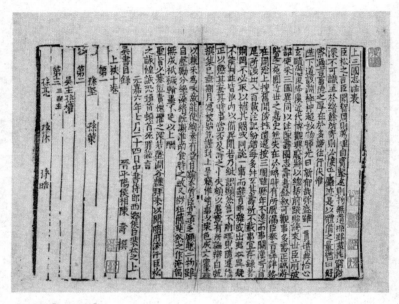

宋刊本《三国志》

《三国志》

  《三国志》与《史记》《汉书》《后汉书》并称"四史",为"前四史"之一,成书至今已有一千七百多年的历史。在一千多年的流传过程中,形成了众多的版本。从最初的手稿,到后来的传写本、刻本、活字本、石印本、影印本等,《三国志》文本形成了一个文献群体和复杂的版本系统。化身千百的同时,也带来了不同版本之间的关联、文字的异同、版本的优劣。

  陈寿(233—297),西晋史学家,撰《三国志》,后由南朝宋著名史学家裴松之(372—451),为其作注。使《三国志》在史事上,补缺漏,备异同,正谬误,论得失,且在成书体例上,使《三国志》显得更丰满。裴松之作注的刊本,分为《魏志》《蜀志》《吴志》。裴注《吴志》(《吴书》),当为此书,在政治、经济、文化、社会意识形态等领域,增强一定的文学色彩,并具备史著的可读性。《吴书》的时代背景,正是魏、蜀鼎立,三国争霸时期,作为吴国,为记录了这段历史的一个专刻本,从而使三国时期展开的故事成分、矛盾冲突、动态场景、战争场景、典型人物、典型事例塑造等,更具文学艺术性。

  裴松之在《上〈三国志〉注表》曾经说了这样一段话:"窃

惟缀事以众色成文，蜜蜂以兼采为味，故能使绚素有章，甘逾本质。"这说明了陈寿所作的《三国志》虽具史事，且陈寿撰写三国时期的历史，采用的还是司马迁撰写《史记》时所开创的纪传体，然而文艳不足，没有达到叙事之美、写人之美、文辞之美，未达到鲁迅称《史记》为"千古之绝唱，无韵之离骚"的状态。而裴松之为《三国志》作注，为补其短处，则引用大量颇具文采之书作注，正是补其文采之不足。裴注所引杂传的生动描写丰满了他们在陈寿《三国志》里给读者的印象。

如果我们从人物形象塑造上看，裴松之注中，塑造了一雪前耻的曹子、神医华佗、擅长术筮的奇才管辂、浩气长存的祢衡，以及足智多谋、鞠躬尽瘁、死而后已的诸葛亮，义薄云天的关云长，一代枭雄、智勇双全的曹操等；裴注所引大量的文献和杂传的生动描写，丰满了陈寿《三国志》里给读者的形象，这无疑为三国志以后演化的《三国演义》，打下了很好的基础千百年来，让大众喜读不厌。以此可见，陈寿与裴松之两人用心血换来的精细作品，功不可没。

我在静嘉堂阅《三国志》的《吴书》，是南宋初年浙中《吴书》专刻本二十卷。此书已经成为我国"正史"刊本系统中一个稀见的史籍珍本。

此书卷前有刘宋元嘉六年（429）七月二十四日斐松之《上三国志注表》。表后接续的是题《吴书》目录。此书目录，分上下两帙，前十卷为上帙，后十卷为下帙，后有"详校官杜镐"等和"校勘官钱惟演"等衔名。而另一页，阅至目录后，亲见此书刻上"咸平六年（1003）《中书门下牒》"。牒文曰：

中书门下牒

牒奉

敕　书契已来，简编成备。每详观于淑慝，实昭示于劝惩。矧三国肇分一时所纪，史笔颇彰于遗直，乘书用著于不刊。谅载籍之前言，助人文之至化。年祀寖远，误谬居多。爰命学徒，俾其校正，宜从摸印式广颁。行牒至准。

敕　故牒

咸平六年十月二十九日牒

左谏议大夫参知政事

工部侍郎参知政事

兵部侍郎同中书门下平章事

门下侍郎同中书门下平章事

左仆射同中书门下平章事

现再把与静嘉堂关于《吴书》的个人札记，录之如下，供研究者参考：

《吴书》（专刻本）：二十卷

尺寸：26.0 厘米 ×17.0 厘米

版式：左右双边（19.8 厘米 ×13.8 厘米），有界，每半页十四行，每行二十五字，注文与正文无分大小，以低于正文一格表示。小字双行，版心白口（偶见黑口），双黑鱼尾。

书名题署"吴书"，然扉页镌刻"吴志（几）"，下象鼻处记页数。

刻工姓名：王溢、王洵、王殉、王慎、王敏、王问、郭喜、郭康、甘正、韩通、丘迪、许元、元仲、阮青、吴耸、吴浦、江受、高庚、高宣、蒋驭、蒋深、蒋达、齐昌、宋贵、孙受、孙老、张裴、陈逸、陈斌、陈归、陈章、陈聪、陈长、陈得、陈武、陈兵、丁保、丁明、郑勤、郑受、郑通、范亮、潘元、付及、付立、杨顺、李昱、李宝、六喜、林俊、林足、林茂、（补刻）王仁、王太、王椿、王文、何生、周泗、周中、周文、周琳、锺才、张佐、张遂、陈英、陈忻、陈庆、陈从、陈中、郑荣、郑宝、郑友、付才、付宥、李杰、林申等。

宋避讳字：凡"玄、敬、警、弘、殷、竟、匡、胤、恒、祯、贞、浈、徵、让、桓"等，皆为字不成。

缺页：卷五，第四至六页。

藏书印：百宋一廛、丕烈、荛夫、士礼居、汪士钟印、阆源真赏、郁松年印、泰峰、归安陆树声所见金石书画记、归安陆树声叔桐父印。

同时，于静嘉堂还阅到另三人的手识文，即顾莼、陈鳢、徐云路手识文。

一、顾莼手识文

文曰：

癸亥（1803）除夕，荛翁祭书于百宋一廛。时已二鼓，以书招余与鬲香往观，且曰今岁所得书，以此为第一，故列于史部之首。予既为题签，并记数语于卷末。顾莼。

二、陈鳣（陈仲鱼）手识文

文曰：

去冬偕菉翁泛舟虎邱，访购是书，自谓追随乐事。今春过士礼居，菉翁出示，则装潢已就。适徐君蔺云亦在座，相与展玩，并读跋语，叹赏不置。甲子三月陈鳣记。

三、徐云路手识文

文曰：

癸亥九日，瞿木夫招同人泛□石湖。时菉翁甫得是书，携示诸友，咸共咨赏。已而泊舟登陆，寻幽选胜。菉翁独兀坐舱中，披览不释手。为叹当世好古，乃有斯人！甲子三月廿又三日，过士礼居，陈君仲鱼在座，菉翁复出见示，相与展玩久之，并缀数语。鹿城徐云路。

《吴书》已被日本文化财审议委员会确认为"日本重要文化财"。

影印出版：1988年，由静嘉堂文库编的《古典研究会编刊》，以及1992年由汲古书院编的"古典研究会丛书"《汉籍之部6》。

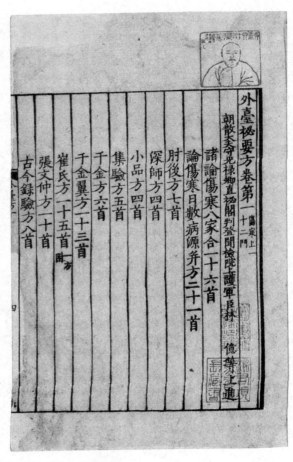

宋刊本《外台秘要方》

《外台秘要方》

唐代王焘（670—755）撰写的四十卷《外台秘要方》，与同时代孙思邈所撰的《千金要方》和《千金翼方》，一直以来被医界从理论与实践上奉为圭臬。王焘不是文学家，亦非医学家，而是一生为官，累官至河间太守。但有说他是懂医文官且非常热衷于祖国医学，在批阅了大量前人医学文献后编成此书。后死于安史之乱。

《外台秘要方》，是王焘唯一传世的著作。首见于《新唐书·艺文志》之记载。至于为何取此书名，宋代官书于《外台秘要方》序言中说："夫外台者，刺史之任也。""秘要者，秘密枢要之谓也。唐王焘台阁二十余载，久知洪文馆，得古今方，上自神农，下及唐世，无不采摭，集成经方四十卷，皆诸方秘，密枢要也。以出守于外，故号曰《外台秘要方》。"

全书共四十卷，一千一百零四门，六千八百余方。王焘在《外台秘要方》曾说："凡古方纂得五六十家，新撰者向数千百卷。皆研其总领，核其指归。"

《外台秘要方》直接引用唐以前医书七十一种，加上间接引用达百种之多，这些著作有的流传下来，有的部分残存，有的已久佚。通过整理研究，可以对这些著作进行订正、补遗和辑复，鉴此，《外台秘要方》具有极高的文献学价值。此书经宋代孙兆、林亿整理校对，而流传于世。故宋本《外台秘要方》之目录及每卷之前端均题有"朝散大夫守光禄卿直秘阁判登闻检院上护军臣林亿等上进"一行。（见所附书影）日本现有残本，存于宫内厅书陵部，而静嘉堂藏的是完整宋本，虽因历经抄写版刻之流传，自有漫漶之处。

唐代王焘写本，成书于公元752年，流传至今，已有1270余年。在这漫长的岁月里，几经辗转，几度抄刻。但经南宋绍兴年间翻刻的《外台秘要方》，流传到明末，所存版本可谓是寥若晨星。到了明代，程衍道（1587—1667）根据残留的宋抄本，竭尽心血，殚力校雠，积十余载之努力，于1640年完成全书的辑校工作。但错误之处甚多。直至清代陆心源有鉴于此，利用自己藏有宋刊本的得天独厚的条件，对明代程本，进行了研究校补，故流入静嘉堂的《外台秘要方》应是最好的版本。是宋代绍兴年间（1131—1162）浙东茶盐司所刻刊本。

至现代，李洪雷先生研究发现王焘撰的《外台秘要方》引秦汉时期医方最少，隋唐时期医方最多，占到总条数的一半以上，其中绝大多数是唐代医方；在病症方面，秦汉时期，主要是伤寒、天行、温病、疟、黄疸等传染病流行。两晋南北朝时期，医术发展，方书增多，认识疾病的能力提高，疾病种类多样化，外科、五官、皮肤、虫证、妇科、儿科等的治疗有很大发展。至隋唐时期，医学进一步发展，各科方药更加丰富，较为突出的有咳嗽、小儿疾病等；在常用药物方面，自秦汉至隋唐以来，寒凉药的比例逐渐加大，寒凉药逐渐使用大黄、黄芩、黄连、石膏、栀子，并且药量逐渐加大。在秦汉和两晋时期基本不见滋阴药，在南北朝和隋唐时期出现了生地、麦冬等滋阴药。李氏通过对《外台秘要方》的结构及量化分析，探讨了秦汉至隋唐时期医学文献流传、疾病诊治理论及方剂学发展的大体脉络。《外台秘要方》中每门首先论辩病源有关理论，在各家论述之后，下附方药，即先论后方。病源理论主要引自《巢氏病源》，另外还出自《素问》《千金》《删繁》等著作。原书以病症为纲，有论有方，先论后方，理论密切联系实际，条分缕析地对所有方药进行分类。这一体例是《外台秘要方》编纂方法之一大特色，并受到了后世的重视和沿用，如宋政府组织编修《太平圣惠方》、日本丹波康赖《医心方》等均遵循沿用了这种编排体例。魏晋以前，祖国医学的基础理论已成熟并趋于完善，代表著作有《黄帝内经》《八十一难经》《神农本草经》《伤寒杂病论》《脉经》《甲乙经》等。东晋以后，涌现出大批总结临床经验的方书，如范汪《范东阳方》、葛洪《玉函方》、陈延之《小品方》、谢士泰《删繁方》、释僧深《深师方》，等等。隋朝以后，国家广开献书之路，医书种类非常丰富，专科著作也有很大发展，并编修新书如《四海类聚方》达二千六百卷，篇幅巨大，对后世编集方书产生了深远影响。而孙思邈之《千金要方》更对王焘编纂《外台秘要方》提供了良好的范例。据他的研究，日本静嘉堂文库所藏《外台秘要方》，全书一千五百八十三页，每页情况不尽一致，可分为三类：第一类共一千四百二十九页，大部分版面整洁，字体清楚，纸高二十七点八厘米，纸色稍白，印面精明；第二类共一百三十五页，部分版面模糊，字体不易辨认，纸色比第一类稍黑，纸高二十六点二厘米，金镶玉装，版面不如第一类鲜明，是版本已有相当磨损的后印本；第三类共十九页，有少部分欠损抄补。

对于最后的藏书大家陆心源所藏《外台秘要方》一书，在其《仪顾堂题跋》卷七著录中，相关识文如下：

> 《外台秘要方》四十卷，题曰每页二十六行，每行二十四字。神宗以前帝讳嫌名皆阙避。前有王焘自序及孙兆序。后有皇祐三年内降指挥、熙宁三年镂板指挥及校正林亿等衔名三行，中书门下富弼等衔名八行。每卷后，或题右从事郎充两浙东路提举茶盐司干辨公事赵子孟校勘，或题右迪功郎两浙东路茶盐司干辨公事张窒校勘，当是浙中刻本。故校勘皆浙东官耳。卷一卷九后，有朝奉郎提举药局兼太医令医学博士臣裴宗元校正一行。以崇祯中程衍刊本校之，删削几及二万字，妄改处亦复不少。黄荛圃孝廉，宋刊之富甲于东南，仅得目录及第廿三两卷。见百宋一廛赋注。日本虽有全书，摸印在后，多糊模处。见经籍访古志。此本宋刊初印，无一断烂，洵海内外之鸿宝也。……是此书不但有功医学，并可参证小学，宋本之可贵如此。焘书原有双行夹注。明刊往往于原书夹注上，加通按二字，窃为己说，尤可笑也。

现我把亲历静嘉堂阅读札记（因能去域外阅读的，不是微缩胶片，而是线装宋本真面目），实觉平生难得矣，故录之，以供研究者比较研究：

> 《外台秘要方》：四十卷，首目一卷，唐王焘撰，南宋刊。
> 尺寸：27.5 厘米 ×18.3 厘米。

前有《外台秘要方目录》，题署"朝散大夫守光禄卿直秘阁判登闻检院上护军臣林亿等上进"。

次有《外台秘要方序》，题署"唐银青光禄大夫使持节邺郡诸军事兼守刺史上柱国清源县开国伯王焘撰　天宝十一载岁在执徐月之哉生明者也"。

次有《校正外台秘要方序》，题署"前将仕郎守殿中丞同校正医书臣孙兆谨上"。卷四十末有"皇祐三年五月二十六日内降劄子"。

卷末有"熙宁二年五月二日准中书劄子奉圣旨镂版施行"。次有校正林亿等衔名三行，富弼等衔名八行。

卷中避宋讳，凡神宗以前帝讳嫌名皆缺笔。

版式：左右双边（19.9厘米×13.1厘米），有界，每半页十三行，每行二十三至二十四字，注文双行二十四字，版心白口，单黑鱼尾。

刻工姓名：黄季常、方彦成、王安、王介、王成、应权、弓成、阮于、吴江、吴邓、汇通、施蕴、时明、朱明、周浩、周皓、徐侃、徐颜、徐彦、徐呆、徐高、徐升、徐政、章阶、叶邦、叶明、张永、赵宗、陈浩、陈文、陈茂、丁圭、丁珪、郑英、董听、董明、俞昌、余青、余全、佘理、杨广、李扯、车升、李成、李硕、李忠、林俊、娄谨、楼谨。

校勘者姓名：

（一）右从事郎充两浙东路提举茶盐司干办公事赵子孟校勘。

（二）右迪功郎充两浙东路提举茶盐司干办公事张是校勘。

（三）从事郎充两浙东路捉举茶盐司干办公事赵孟校勘。

（四）朝奉郎提举药局兼太医令医学博士臣裴宗元校正。

藏书印：武林高瑞南家藏书画印、浙右项笃寿子长藏书京口世家、蒋氏彦恒子孙保之、清宁东阁、思济堂、曹溶之印、季振宜藏书、胡惠孚印、篯江、当湖小重山馆胡氏篯江珍藏、无事小神仙、存斋四十五岁小像戊寅二月某石并刊臣陆树声、归安陆树声叔桐父印。

此本卷十二、卷二十二、关联二十三、卷二十五至卷二十八，计七卷，现藏中国医学科学院图书馆。另，北京大学图书馆有藏，计五卷。

宋本已被日本文化财审议委员会确认为"日本重要文化财"。

《外台秘要方》影印出版："东洋医学善本丛书"之五、六'东洋医学研究会'1981年。

宋刊本《王右丞文集》

《王右丞文集》

　　王维（701—761），唐代诗人、画家。字摩诘。因其崇信佛教，钦佩大乘佛教居士在家菩萨维摩诘（意为洁净、没有污染的人），故以摩诘为名。祖籍太原祁（今山西祁县），其父迁家蒲州（在今山西永济），遂为蒲人。他官终尚书右丞，世称"王右丞"。

　　《王右丞文集》又名《王摩诘文集》，是唐代著名诗人王维的作品集。他的诗与孟浩然齐名又胜于孟浩然，故称"王孟"。该集收入古诗一百五十首，近体诗二百八十二首，其他各体文章七十二篇。其作品以诗为主，早期作品风格雄浑，气象开阔，有建功立业思想，在一定程度上反映了社会现实生活。

　　晚期作品，则多反映其隐逸生活、山水田园、闲情逸致等。其诗"君自故乡来，应知故乡事；来日绮窗前，寒梅着花未"是一例矣。

　　赵殿成在《王右丞集笺注》曾评："按，陶渊明诗云：'尔从山中来，早晚发天目。我居南窗下，今生几丛菊？'与右丞此诗同一机杼，然下文缀语稍多，趣意便觉不远。右丞只为短句，有悠扬不尽之致。故王维诗，意境清幽，色彩鲜明，节奏谐和，字句凝练，有很高的艺术成就。成为盛唐山水田园诗派的主要作家。"（见钱锺书《七缀集》）苏轼称他为"诗中有画""画中有诗"。

如《赠裴十迪》《渭川田家》《春中田园作》等诗，仿佛是一幅幅农家乐的水墨画，给人美的享受。此外，王维还写过一些著名的赠别朋友的抒情绝句，如其中"渭城朝雨浥轻尘，客舍青青柳色新。劝君更尽一杯酒，西出阳关无故人"，早已成为脍炙人口的名篇。另如《相思》（红豆生南国）、《伊州歌》（清风明月苦相思）两首，也均为千古传唱之作。

我们可以说，中国画史上最有代表性、最主要的流派是"南宗文人画"，而文人画便是自王维始。其"始用渲淡，一变、勾斫之法"；其传为张璪、荆、关、董、巨、郭忠恕、米家父子以至元之四大家等。

《王右丞集》卷二五《能禅师碑》，就是颂扬南宗禅始祖惠能的，其中说"弟子曰神会……谓余知道，以颂见托"；《神会和尚遗集·语录第一残卷》记载"侍御史王维在临湍驿中问和上若为修道"的对话。在他身上，禅、诗、画三者可以算是一脉相承。"诗画是孪生姊妹"这句话用来品评王右丞，是最正确之评。（见钱锺书《中国诗与中国画》）

现存于静嘉堂的《王右丞文集》十卷，唐王维撰，宋刊。其刻工古朴。《王右丞文集》曾有影印出版：一、"静嘉堂文库·稀觏书之七"，雄松堂书店1977年。二、"古典研究会丛书"、（汉籍之部32）汲古书院2005年。

《王右丞文集》：十卷，唐王维撰，南宋初期刊，二册。

尺寸：20.3厘米×13.3厘米。

序目：《王右丞文集》目录。

版式：左右双边（15.9厘米×9.8厘米），每半页十一行，每行十七至二十二字不等。版心上记大小字数。注文双行，版心白口，双黑鱼尾。上鱼尾下记"王"字，下鱼尾下记页数，最下记刻工姓名。

此宋版书用纸讲究，封面为宋白麻纸，亦属稀世之物。

卷中避宋讳处，凡遇"玄、悬、朗、敬、惊、殷、筐、恒、贞、树、源"等，皆为字不成。

刻工姓名：官先、阮光、吴正、江陵、黄石、成信、杜明、余彦、余兆、刘光等。

卷中有顾千里手识文二则：

卷一识文曰：此麻沙宋刻王右丞诗文全集十卷。道光丙戌岁从艺芸主人借出影写一部，复遍取他本，勘其得失，虽宋刻亦有误，而不似以后之妄改，究为第一也。遂题数语于帙端，余文繁不具出。思适居士顾千里。（文后有"顾千里以字行"白文长方印）

卷六后，识语四行，评王右丞与韦苏州之高低。其文曰：

韦苏州诗，韵高而气清；王右丞诗，格老而味长。虽然五言之宗匠，然互有得失，不无优劣。以标韵观之，右丞远不逮苏州；至其词不迫切而味甚长，虽苏州亦不及也。

卷四末尾，题前行有吴郡"袁耿曾观"一行手记。

卷十末，有墨书"泰兴季振宜公苇氏珍藏"一行。

卷中有黄丕烈手识文三则：

一、卷六末，黄丕烈手识文三行。其文曰：

> 第六卷第二首《出塞作》脱一行计二十一字。今据时刻补焉："秋日平原好射雕；护羌校尉朝乘障，破房将军夜渡此。"宋刻之误不可掩者。辛酉秋孟，荛圃氏丕烈识。

二、卷十末有副页，上有黄丕烈手识文二则。

其一曰：

> 此宋刻《王右丞文集》十卷二册，顷余友陶蕴辉，从都中寄来而得之者也。先是蕴辉在苏时，余与商榷古书，谓《读书敏求记》中物，须为我购之。今兹八月中旬，有人自北来者，寄我三种书。此本而外，尚有元刻《许丁卯集》及宋刻小字本《说文》。来札云：《王右丞文集》即所谓山中一半雨本；《许丁卯集》即所谓较宋版多诗，几大半本可见。见余留心搜访，竟熟读也，是翁书以为左券而不负余托。惜以物主居奇，必与《说文》并售，索直白金百二，而余又以《说文》已置一部不复重出，作书复之，许以二十六金得此两书。札往返再三，竟能如愿，不特幸余得书之福，亦重感余友，购书之力也。此书作"山中一半雨"本，尚见刘须溪评点元刻，止诗六卷，见藏周香严家。香严又藏何义门校宋本，亦止诗无文，虽同出传是楼而叙次紊乱，字句不同，非一本矣。十月十三日，毛二榕坪过访士礼居，余知其能识

古书，出此相质，榕坪并为余言，向见桐乡金氏本，板刻差大。诗中亦作"山中一半雨"，文则无有也，与此更非一本。益见此刻最在善，而余所藏抑何幸欤。客去，携书插架，即跋数语于尾。荛圃黄丕烈识。

其二曰：

嘉庆癸酉中秋后八日，偶过五柳居，知新从无锡人买得元刻《刘须溪评点王右丞诗》，即借归与宋刻对其序次，悉同。拟购之，未知许否也。十四日复翁记。

从上述可知，得书收藏此王集宋版之不易。也说明得珍贵之古籍，有偶然与必然之机缘也。但作为爱书者付出的不但有时是倾家荡产的金钱（看当时《说文》索要白金百二即知），还必备韧性的人文精神，此我们今人从前人得书的题识可窥。

此《王右丞文集》，因源自唐本，刊刻古远。自唐而降，至清代历经了许多名人学者、官宦、富商、收藏者之手。其藏书印，卷中彰显了高物名印。如"张钦私印""振宜之印""季振宜之印""乾学之印""平阳汪氏藏书印""宪奎""季铭私印""黄丕烈印""有竹居""谦牧堂藏书记""谦牧堂书画记""中文子""赏奇阁阅""季振宜藏书"（季振宜，字诜兮，号沧苇健庵）"复翁""百宋一廛""士礼居""荛圃过眼""荛圃卅年精力所聚""顾千里经眼记""汪士钟印""归安陆树声所见金石书画记""归安陆树声藏书之记"等近三十方藏书或经眼的印章。

宋刻《王右丞文集》传世极少，其文字胜于后世通行本处甚多，钱谦益《初学集》卷八十三《王右丞集》跋云：《文苑英华》载王右丞诗，多与今行椠本小异，如"松下清斋折露葵"，"清斋"作"行斋"。"种松皆作老龙鳞"，作"种松皆老作龙鳞"，并以《英华》为佳。《送梓州李使君》诗，"山中一夜雨，树杪百重泉"，作"山中一半雨"，尤佳。盖送行之诗，言其风土，深山冥晦，晴雨相半，故曰"一半雨"，而续之以"焚女""巴人"之联也。

钱曾《读书敏求记》卷四《王右丞文集》条云："此刻是麻沙宋版，集中《送梓州李使君》诗，亦如牧翁所跋，作'山中一夜雨，树杪百重泉'知此本之佳也。"

钱曾旧藏本后为黄丕烈所得，称作"山中一半雨"本。此《王右丞文集》之《送梓州李使君》诗句，亦作"山中一半雨"。

周叔弢先生喜爱此书，曾给书室起名"半雨楼"，并特制"半雨楼"印章一枚。1982年，已九十二岁高龄的周叔弢先生得见此书影印本，兴奋异常，当即写下一篇题跋，其中有言："今见此影本，如晤故人，数十年前光景恍然在目。国家重视文物，化身千百，佳惠士林，可为此书庆，我一人欣然欢呼，乌足以尽之。"周先生爱书之情，实令人敬仰。

我在静嘉堂经眼的宋版珍稀古籍，深入了解到了历经千余年的《王右丞文集》那不平凡的人文传递经历，其在学术史、人类文明史上，以及于时间和空间跨度上，都有着人文历史的重要价值。

目前，国内元宋刻十卷本的唐代大文豪王维的《王右丞文集》，仅存17世纪后的两个版本，即明崇祯三年（1630）的冯氏写本和清代初的钱氏写本。北京图书馆收藏的《王右丞文集》元刊本中，都没有牌记（"文献学术语"，即在版本之中刻印的图记，镌有刊刻年代、镌版人等信息）。

清代赵殿成《王右丞集笺注》，二十八卷，是较好的注本。之后，中华书局上海编辑所1961年校订出版，1984年上海古籍出版社又重印了新的一版。

李太白文集卷第一

草堂集序　　宣州當塗縣令李陽冰

李白字太白隴西成紀人涼武昭王暠九世孫蟬聯
珪組世為顯著中葉非罪謫居條支易姓為名然自
竊蟬至舜七世為庶累世不大曜亦可數焉神龍之
始逃歸于蜀復指李樹而生伯陽驚姜之夕長庚入
夢故生而名白以太白字之世稱太白之精得之矣
不讀非聖之書恥為鄭衛之作故其言多似天仙之
辭凡所著述言多諷興自三代已來風騷之後馳驅
風宋鞭撻楊馬千載獨步唯公一人故王公趨風列
岳結軫摹賢會習如鳥歸鳳盧黃門云陳拾遺横制

宋刊本《李太白文集》

《李太白文集》

　　中国研究李白的作品，最早版本由唐代李阳冰编成《草堂集》十卷，早已散佚，无法看到。至今存世的文本说，仅有北宋宋敏求增补刻本《李太白文集》三十卷，巴蜀书社曾在 1986 年据此影印。李冰阳所编李白的集子，到了南宋复刻后，国内已无藏。

　　《李太白文集》现只存日本静嘉堂，因我亲自读到真本，可来一谈，从所附宋版书影可窥一斑，如今于国内各大图书馆，已无法找到此版书影。

　　宋代四川地区曾刊刻大量唐人文集，其内容多源于古本，惜传本不多，故为藏家看重。据《中国版刻图录》称，传世蜀本唐集分为十一行本和十二行本两个系统，其十一行蜀本，说是北宋刻本，其实，真实刊刻年代，应在南北宋之际。当年刊刻的，历经千余年，既有三十卷的完本，又有二十卷的残本。如《李太白文集》便是其中的一部典型唐代文集。

　　我在静嘉堂所见的《李太白文集》三十卷，共十二册，是个完本。因它品相无损，现已成为绝代珍稀之品。首目一卷，唐李白撰，是北宋末南宋初刊出的本子。

　　此宋版为陆心源所原藏。陆心源（1838—1894），清末湖州人氏，字刚甫、刚父，号存斋，晚号"潜园老人"，为清末四大藏书家之一。陆离世后，其皕宋楼中的藏书，于1907年舶于日本，后藏于东京静嘉堂文库。

由皕宋楼流出的《李太白文集》，其书尺寸为：28.0厘米×17.7厘米。序目为：李太白文集目录。卷一，首见《草堂集序》，为宣州当涂县令李阳冰所撰。次有前进士魏颢《李翰林集序》，有朝散大夫行尚书职方员外郎直史馆上柱国乐史《李翰林别集序》。

文集卷三十末，有常山宋敏求题《李太白文集后序》。次有南宋曾巩《后序》。又有信安毛渐校正谨题的《后序》，时间是元丰三年（1197）夏四月。文集卷二至二十四，为李白诗歌，卷二十五以下为文。

《李太白文集》，其版式：左右双边（18厘米×11厘米），有界，每半页十一行，每行二十字，间有二十一字。注文，小字双行二十字。版心白口，单黑鱼尾。清末曾以刻书藏书著称的董康，在其以访书为主要内容的《书舶庸谭》卷八下录有：

《李太白文集》三十卷，宋蜀刻本，每半页十一行，大字二十字……

另，我在静嘉堂看到的，有两部复本，一是清康熙年间（1662—1722）复本；一是原中村敬宇之旧藏复本。

此宋刊本第一卷《草堂集序》页上，有藏书印十五枚（见所附书影），可辨认的有王杲、黄丕烈、汪士钟、徐乾学、王文琛、蔡廷桢、钱应庚等藏书大家，他们都藏过此集。另，卷中还有"王杲私印""昆山徐氏家藏""百宋一廛""士礼居""金匮蔡氏醉经轩考藏印""存斋过目"等。"湖州陆氏所藏""陆氏伯子""十万卷楼""归安陆树声叔桐父印"。

此外，还刻有"陆心源四十五岁小像戊寅二月梅石并刊"。这些藏书印，历经千余年，代代相传，为后人留下了这些人与珍籍的历史印记，非常珍贵。

如今想来，这些藏书家，拿出钱财，甚至省吃俭用，垫上身家性命，他们是为保存这些文化遗产，也是让一代代后人能记下这些传人的姓名，颇值后人崇敬。为了能得藏这些中国古籍珍品，那些藏书人所经历的喜悦与伤痛，真可谓"咀嚼苦难嗳，真味久愈在"。

大藏书家黄丕烈在《百宋一廛书录》中，曾说过这样的话：

> 缪氏得宋本后，特构一楼贮之，楼曰"太白"。"今余两迁居矣，居各有楼，亦以此集贮于楼上，名曰太白谪仙人好楼居。"又云："曾欲作考异一卷，而未成，其夹签犹在卷中也，余以一百五十金得之。"

黄丕烈当时得意之情，无不跃于字里行间。

缪氏本，是指清康熙五十六年（1717）缪曰芑双泉草堂刻本，八册，为李白之诗文合集。此缪曰芑刻本，世称缪本。字画精湛，楮精墨妙，其据宋本翻刻，也为可珍之品。

陆心源在其《仪顾堂集》中也曾说：

> 缪本摹刻精工，几欲乱真。愚窃谓行款、避讳及刊工姓名既一一摹刻宋本，即有误处，亦宜仍之，别为考异注于下。缪本改易既多，讹误亦不少，且有不照宋本摹刊者。

当然，如若以宋本与缪本相较，缪氏改易约百余处，有正宋本之误者，也有误改者，然纠缪者居多。如宋本目录有"答族侄赠玉泉仙人峰茶"，缪易"峰"为"掌"；"金陵白杨十家巷"之"家"字易"字"。诗中"飞龙引其一"有句"千旗扬彩红"，改"红"为"虹"；《去妇词》中"不叹君弃妻"，"妻"字易为"妾"；《长相思》中"日色色尽花含烟，月明欲素秋不眠"句，"色尽"改为"欲尽"，"秋不眠"改为"愁不眠"。

缪曰芑，江苏吴县人，字武子，号笠湖。少负大志，偕兄讲学，刻自淬厉，居常恂恂谨饬，雅不乐以贵公子称。雍正元年进士，选庶吉士，旋授编修。以省亲归，承欢养志，遭母丧，遂不复出。晚年嗜学弥笃。著有《六经要语》《杜诗心解》《李集考异》《白石亭稿》《半学庵稿》。年七十三卒。（道光）《苏州府志》卷一百一《人物文苑六》有传。

黄丕烈（1763—1825），字绍武，号荛圃、荛夫，又号复翁，清江苏吴县人。其平生鲜声色之好，唯喜聚书。闻有宋元精椠，或旧抄善本，不惜多方购置。久之，得宋刻几百种，颜其藏书之所，曰"百宋一廛"。

当然，宋版书的流转，还得稍提南浔张钧衡先生，其字石铭，号适园主人。适园藏书的特点之一，就是黄丕烈校跋本。适园以收藏黄跋本一百零一部，而独占鳌头，比四大藏书家之一的杨氏海源阁，还多出两部。因此，张钧衡刊印黄丕烈藏书录的残稿《百宋一廛书录》，也可谓是情有独钟。

但随时间推移，这些宋版书，最后大都还是流传到了湖州的皕宋楼中。所谓"皕宋"即陆心源收藏了约二百部宋版书。我们不妨再读皕宋楼藏主陆心源的一段话。他说：

李太白文集，三十卷，每页二十二行，每行二十字，即吴门廖武子刊本所从出也。廖本摹刊精工，几欲乱真。愚窃谓行款避讳，及刊工姓名，既一一摹刊。宋本即有误处，亦宜仍之，别为考异注于下。廖本改易既多，误亦不少，且有不照宋本摹刊者。……是书有乾学之印四字，白文方印，王氏敬美白文方印，昆山徐氏家藏朱文长方印，钱应庚白文方印，钱氏南金朱文方印，丕烈、菀夫两朱文小方印。元丰距今九百余年，屡经王敬美、徐乾学、黄丕烈、钱应庚诸家收藏，完善如新可贵也。（见《仪顾堂集》跋）

当年陆心源得意之心情，更可见一斑也。但至他离世，未想到经过了这么多有名的藏书家，多处流转，艰难收藏，那些珍宝宋版书，能收藏至他手中，的确不易。但到儿子手中，就保不住了，其长子陆树藩，于1907年将藏书大半售予日本岩崎氏，这是陆心源万万想不到的，也可见世事、家事之多变矣。

我于静嘉堂文库藏北宋蜀刻本《李太白文集》卷中，经见避宋讳字，有：玄、泫、眩、弦、朗、警、惊、镜、竟、境、弘、殷、匡、恒、垣、祯、贞、徵、树、让、勖、桓、构等。而于构、沟、构等字，则不缺笔，表明南宋首帝高宗赵构的名讳，则不行回避。此亦说明此刊刻时间，当在北宋末南宋之初，一佐证于此。《李太白文集》刻印的具体时间难以确定，但大体时间，应是宋高宗绍兴年间的中期，即绍兴十年至二十年之际（1140—1150）。

《李太白文集》，版心记下的刻工姓名：吴一、大七、方、旦、民、吴、吕、袁、知等人。

《李太白文集》现存宋版完本，国内未见。今虽有北京图书馆藏，半页十一行二十字，左右双边，白口，书口下间有刻工。但于卷十五至二十四，配清康熙五十六年缪曰芑双泉草堂刻本。亦有损完整。而现存静嘉堂的《李太白文集》，其版式疏朗，字体遒劲，纸墨精良，集中体现了宋代雕版印刷技术，在研究中国的雕版印刷史和版本目录学方面，都有重要意义。又由于此刻本藏于域外，未受损坏，在现存刻本中，最接近于作品年代，因此对于研究唐代文学以及当时的社会情况、政治生活等，颇具价值。

于此，能看到并可仔细阅读宋版完本的《李太白文集》，不能不感谢静嘉堂的增田晴美、成泽麻子司库两位女士。

此外，还有一事颇值一记。2006年5月19日下午，两位女士为感谢我们的乡前辈、清末藏书家陆心源一生付出的心血，特别优待远道而来的我们。她们带领我们上静嘉堂书库，观看该库所有的宋版书，真给我以大饱眼福的机缘。在书库中听她们谈到《李太白文集》，据说："现在于日本，李白在读者或藏书家眼中的重要性与崇敬心，已超出了日人曾对唐代的白居易、刘梦得、元稹等人，同时也超出杜甫、韩愈、柳宗元他们了……"她们还向我们述说唐代文学在日本千年来的影响。可见李太白的地位，在日人心中，早不可同日而语了。

看来时代在变，他们学唐诗的悠长历史过程，也似在转型。当然，我们不能再问日人读唐代诗人，经历了前杜后李的路径，是如何变化的。增田晴美还能背诵李白的许多诗，如："花间一壶酒，独酌无相亲。举杯邀明月，对影成三人。""云想衣裳花想容，春风拂槛露华浓。若非群玉山头见，会向瑶台月下逢。""长安一片月，万户捣衣声。""苦笑我夸诞，知音安在哉！"……

增田晴美还向我们述说《李太白文集》是何时运到日本的。那是在桃园天皇宝历八年（1758），中国商船把《李太白集》一部一帙运到了日本，后又运了《李白诗文集》等，那一部部有关李白的集子，在18世纪、19世纪，都由中国的商船运抵到日本，一如中国的《红楼梦》，也是在那时从窄浦港运往日本的，从而促进了两国文化深远的交流。

那年，我们去静嘉堂，还是米山寅太郎为文库长，但因老库长年高多病，实际司库是增田晴美。米山逝世后，即由增田晴美为库长。但令人不禁惋惜的是，这位女库长几年后也病逝了。当年同样热情接待我们的成泽麻子女史，现为文库长。

不知不觉间，我从那么遥远的唐代文学，写到了如今留存于静嘉堂的《李太白文集》，也提到为这些千余年宋版书，一代代守护着的人和事。试想着，如到了他们的生命结束，肯定会有另外的文化保护者，再去守护这些珍稀的古籍。

想着这些书事书话，那么悠长，那么离奇，那么玄思，那么有乡愁，不禁感慨万千……

最后，我想起穆旦的一句诗，为此文作结：

> 没人知道历史曾在此走过，
> 留下英灵化入树干而滋生。

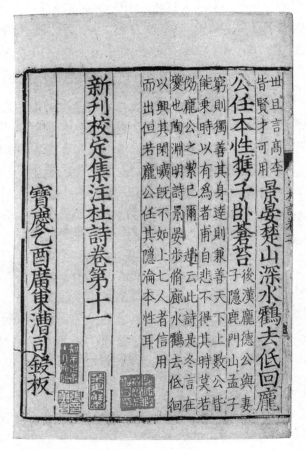

世且言高李
皆賢才可用

景晏楚山深水鶴去低回龐

後漢龐德公與妻
子隱鹿門山孟
子隱鹿門山公皆
天下上數公皆在
自悲不得其時莫若在

公任本性攜子卧著苔

窮則獨善其身達則兼善
能秉時以有為者甫
此詩鶴是去低徊
景晏步俗廊水鶴是去冬低徊

變也劝龐公淵
明詩不爾
能陶淵明詩景晏步俗
廊水鶴既任其隱淪
本性者信用

而以出但若龐
公既任其隱淪
本性者耳用

新刊校定集注杜詩卷第十一

寶慶乙酉廣東漕司鋟板

宋刊本《新刊校定集注杜诗》

《新刊校定集注杜诗》

郭知达《新刊校定集注杜诗》，南宋淳熙八年（1181）初刻于成都，宝庆元年（1225），曾噩在广东重刻，今传即曾刻本。曾噩《新刊校定集注杜诗序》曰："兹摹蜀本，刊于南海漕台。"陈振孙《直斋书录解题》最早予以著录，题曰《杜工部诗集注》三十六卷，提要云："蜀人郭知达所集九家注。"郭知达，《宋史》无传，为蜀人，生平不详。淳熙中知成都府，编刻《新刊校定集注杜诗》。

杜甫（712—770），字子美，襄阳人，后徙河南巩县。自号少陵野老，唐代伟大的现实主义诗人，与李白合称"李杜"。杜甫出生于一个世代为官的家族中。他生活的时代，正是唐玄宗即位，所谓开元盛世拉开帷幕之时。

开元二十四年（736），二十四岁的杜甫第一次参加科举考试，却落榜。这次未中并没有给他太大的打击。他重新开始人生的旅程。这从他游历泰山时写下的《望岳》一诗便知："岱宗夫如何，齐鲁青未了。造化钟神秀，阴阳割昏晓。荡胸生层云，决眦入归鸟。会当凌绝顶，一览众山小。"

那应该是杜甫最年轻时、有志于天下的一段美好时光，"会当凌绝顶，一览众山小"，正是他借雄伟磅礴的泰山，表达志气高扬的本色。

那时的杜甫，也结交了李白。两人一起游山玩水，恣意快活。对于都有天才诗质，怀有报国心志的两个年轻诗人来说，报国心愿是相同的。虽然李白年龄上要大杜甫十一岁，但年少的杜甫，也有着如李白般的自信、大气。从杜甫的《春日忆李白》可知，李白具有大唐卓然不群、无与伦比的天才贤质，这是诗圣杜甫与诗仙太白密切交往的重要原因之一。而对于杜甫这样一位"奉儒守官""好论天下大事，高而不切"的文人，"致君尧舜上，再使风俗淳"，他希望君王有了自己的辅佐，功绩能盖过尧舜，社会风气会变得更加淳朴，有这样的境界，是难能可贵的，但这只是作为诗人的一厢情怀而已。

李白（701—762）游历丰富，曾一度被奉为翰林，故李杜两家的家世不同，构成了两人不同的视野和价值观。李白的家庭非官非儒，他出生于富商家族，"混游渔商、隐不绝俗"，充满了市民的思想与习气，养成了好任侠、重义气、蔑视礼法的品格。性近老庄，倾心游侠，成了李白思想的一个组成部分。政治上表现为傲岸不屈、反对权势的精神；在生活中则表现为狂放不羁、豁达不拘的态度。这形成了李白在儒、释、道三种思想中的游离与矛盾。诗圣杜甫的家世与李白不同，杜是杜审言的孙子，父亲也曾做过大夫，可谓出身门阀，只是到了他这一代家道就衰落了，又长期功名不就、书剑飘零。杜甫的价值观，奉行的是"奉儒守官""立登要路津"的志向，"致君尧舜上"是他终极的抱负。杜甫一直恪守积极进取的儒家之道。正如宋代学者陈岩肖在《庚溪诗话》中所说，"其穷也未尝无志于国与民；其达也未尝不抗其易退之节"。

当然，杜甫对诗人李白，无论为人还是诗艺，都是十分钦佩的。从杜甫写给李白许多诗的主旨中，便可看出："白也诗无敌，飘然思不群。清新庾开府，俊逸鲍参军。渭北春天树，江东日暮云。何时一樽酒，重与细论文。"这首诗记述了杜甫对李白诗风的重要评价。此诗诗义隽永，感情真挚，不愧为诗圣杜甫的力作。

李杜的第二次相见，是在公元744年的初秋。他们漫游在梁宋之地，遇到尚为布衣的诗人高适。三人相聚，游兴大增。他们既登了梁孝王的平台、师旷的吹台，还游了单父宓子贱的琴台。他们甚而在高秋季节，到宋城东北的大泽中打了一次猎。在交往中，杜甫不仅对李白的才华由衷钦佩，而且还在不知不觉中为他的习气与情绪所感染，也狂歌、纵酒，浪漫而潇洒，整日沉浸在兴奋之中。李白、杜甫与高适的再次见面，是在公元745年的夏天。这次三人的游踪更向北延伸，游历了济南，参加了李邕之侄济南司马李之芳的新亭落成典礼。当时，年已古稀的李邕也是座上客，李白听了李邕辛酸的经历后，也畅叙了自己"攀龙堕天"的遭际，并且在激愤中挥毫写了一首《东海有勇夫》的诗。

当年秋天，李白与杜甫又同去鲁郡北部的范十之家，啸傲诗酒，叙晤了半月。范十是位有气节、有教养的隐士，常以陶渊明自况，临别时，范十请李、杜赋诗留念，于是李白写了《寻鲁城北范居士》，杜甫写了《与李十二白寻范十隐居》。杜诗全文如下："李侯有佳句，往往似阴铿。余亦东蒙客，怜君如弟兄。醉眠秋共被，携手日同行。更想幽期处，还寻北郭生。入门高兴发，侍立小童清。落影闻塞杵，屯云对古城。向来吟橘颂，谁与讨蓴羹。不愿论簪笏，悠悠沧海情。"在诗中不仅叙述了李杜之间亲如手足，"共被""同行"的友谊，而且表达了杜甫对李白的敬慕，称他的诗为"佳句"，说他的诗"似阴铿"。《南史》称"武威阴铿，字子坚，五岁能诵赋，日千诘，及长博涉史传，尤善五言诗，为当时所重"。杜甫认为李白的诗不仅有阴铿的健拔，而且也具阴铿的清丽。

在东鲁曲阜的石门山，李杜依依惜别，杜甫写了一首《赠李白》："秋来相顾尚飘蓬，未就丹砂愧葛洪。痛饮狂歌空度日，飞扬跋扈为谁雄？"第一句说我们再次相逢在秋天，依然过着漂泊的生活。第二句把李白比成了得道的葛洪，自己自惭不如。可见杜甫虽奉儒家为宗，也沾染了李白的道家思想，但是最末两句，杜甫却对两人"痛饮狂歌"与"飞扬跋扈"的生活，萌生了怀疑：我们如此浪迹天涯，蹉跎岁月，为的是什么呢？这样生活下去行吗？这正是杜甫具有建功立业的儒家思想，使他反思自己的虚掷光阴，不久，他便西去长安，向仕途迈进了。

但是李白，依然我行我素，对官场深恶痛绝，毅然南下，畅游东南去了。这首诗，有的学者评论说是杜甫规劝李白不要再笑傲王侯。郭沫若却从"相顾"着眼，又从杜甫嗜酒终身、迷信丹药着眼，说杜甫是既告诫李白，也检点自己。但作为诗仙的李白，当时也口占一首五律："醉别复几日，登临遍池台。何时石门路，重有金樽开？秋波落泗水，海色明徂徕。飞蓬各自远，且尽手中杯。"

李白这首写结杜甫的分别诗爽快、洒脱。他对自己的抉择、言行不仅没半点儿悔恨，而且好似与杜甫赌气似的：你不是批评我"痛饮狂歌虚度日，飞扬跋扈为谁雄"吗？我偏偏要狂傲不拘下去，酒也要一直喝下去，不但再见时痛饮，而且眼下就大醉而别。李白与杜甫这两位旷代诗人，友谊是那么深厚，彼此又是那么仰慕，但是由于家庭的差异，经历的不同，性格的迥异，在思想、行为、人生目的上，还是有着一定的距离。

当然，日后两位大诗人，既目睹了唐帝国的繁荣，也经历了唐帝国的危机与动乱。两个人不仅"君向潇湘我向秦"，一个向东，企图离朝廷越远越好；一个向西，希望越接近皇帝越好。而且两个人所选择的道路，不管遭受多少挫折，都至死不悔。杜甫直到临终前都梦想回到都城，而李白在晚年眷恋的只是宣城的谢家青山。从此，李白与杜甫再也没有见面，兖州的生离竟成了死别。

直至李白将近为六十岁的老头，杜甫也快过半百，这时杜甫有《不见》一诗写道：不见李生久，佯狂真可哀。世人皆欲杀，吾意独怜才！敏捷诗千首，飘零酒一杯。匡山读书处，头白好归来。原注："近无李白消息。"距李白之死约三四年。别人以李白的佯狂为不近人情，以李白的佯狂为可以取笑，杜甫却感触到那是很深的悲哀；在一群愚妄者眼中无不觉得必得李白而后甘心时，知道爱惜这一位天才诗人的恐怕就只有杜甫。杜甫对李白时时挂念心怀，《天末怀李白》一诗表露出深挚的友情："凉风起天末，君子意如何？鸿雁几时到，江湖秋水多。文章憎命达，魑魅喜人过。应共冤魂语，投诗赠汨罗。"（见李长之《李白传》）

只要写杜甫，必写李白。天下所说"李杜"无论域内外，已传说了一千多年。我这次在静嘉堂所阅宋版书，亲历了一个细节：那天，在静嘉堂已近傍晚时分，文库长增田晴美特带我们走上专藏宋版书的楼上，领着我们到藏李杜诗集之处，对我们说：

"李杜诗歌，在日本相传，至少有几百年之久，但日本民众起先崇尚杜诗，然近百年，却有了转变，对李白之诗日益喜读。"我问为何有这转变，她也不知原因为何。她说，关于李杜诗注解者，可谓数以百千家，这一现象只能留待研究李杜诗的专家去研究了。

在结束此章时，我把亲眼所读的《杜诗》写下的笔记，录之以下：

《新刊校定集注杜诗》：存六卷。唐杜甫撰，宋郭知达编，于宋宝庆元年刊于广东漕司三册。

尺寸：29.2 厘米 ×21.0 厘米。

版式：左右双边（24.3 厘米 ×17.7 厘米），有界，每半页九行，每行十六字，注文双行十六字，版心线黑口，双黑鱼尾。

刻工姓名：吴文彬（文彬）、上官生、刘士震（士震）、郭淇、危杰、敬甫、吴文、洪恩、黄申、黄仲、朱荣、叶正、萧仁、岑友、邓举、莫衍、范贵、万中、万忠、余太、余中、杨宜、杨茂、刘元、刘千、刘文、刘用、鲁时。

刊记：（卷七至各卷末）宝庆乙酉广东漕司锓板。（卷七、八末）进士陈大信、潮州州学宾辛安中、承议郎前通判韶州军州事刘镕、朝议大夫广南东路转运判官曾噩同校勘。

宋讳：玄、朗、敬、弘、匡、恒、贞、桢、徵、桓、树、遘、慎、敦、廓等。

残存卷数：卷六（第一至九页缺，第一一页抄补）、七至一〇、一一（第三二、三九页抄补）。

藏书印：史氏家传翰院收藏书画图章、张燕昌印、知不足斋主人所贻、黄锡蕃印、椒升藏本、胡惠孚印、曾藏当湖胡篆江家、归安陆树声叔桐父印、归安陆树声藏书之记。

昌黎先生集卷第七

古詩

雪後寄崔二十六丞公一首

藍田十月雪塞關　我與南望愁羣山攢天兀兀凍相
映　君乃寄命於其閒　秩甲俸薄食口衆豈有酒食開
容顏毁　前羣公賜食罷驊騮蹀躞路驕且閑稱多量少
鑒裁密豈念幽挂遺榛菅幾欲犯嚴出薦口氣象碑
兀未可攀歸來隕涕捫關卧心之紛亂誰能刪詩翁
憔悴斸荒棘清玉刻珮玦環腦脂遮眼卧壯士大
詔撋壁無由彎乾坤惠施萬物遂獨於數子懷偏慳
朝歈暮啫不可解我心安得如石頑

宋刊本《昌黎先生集》

072

《昌黎先生集》

韩愈（768—824），字退之，河南河阳（今河南省孟州市）人，自称"郡望昌黎"，世称"韩昌黎""昌黎先生"。

韩愈是唐代杰出的文学家、思想家、哲学家，古文运动的倡导者，有"文章巨公""百代文宗"之名。后人尊"唐宋八大家"之首。他与柳宗元并称"韩柳"，由他和柳宗元等人的倡导和努力，形成了唐代的古文运动，并直接启示了北宋的思想与文学上的革新。著有《韩昌黎集》四十卷，《外集》十卷，《师说》等。诗文别集四十卷，《外集》十卷，《遗文》一卷。

他提出的"文道合一""气盛言宜""务去陈言""文从字顺"，作为散文写作理论，对后人有指导意义。韩愈把新型的"古文"，广泛用于各种文体，创作了不少优秀的散文。论说文在韩愈的散文中，占有重要地位。如《原道》《原毁》《本政》《师说》等，这类文章或论政，或说"道"，或谈学，大都结构严谨，说理透辟。其中《原道》《原性》等篇，为重要哲学著述。《原道》以仁义为"道"，而排斥道教之"道"，以为佛、道是破坏伦常、使国无宁日之祸根，进而第一次提出儒家道统学说。

《昌黎先生集》四十卷分类编次。凡文三十卷，诗赋十卷。

又《外集》十卷，《遗文》一卷。收有赋、古诗、联句、律诗、杂著、书、启、序、哀辞、祭文、碑志、杂文、表状等各种体裁的作品共七百余篇。

《原性》发挥董仲舒之理论，首次明确提出性情三品说，以从人性上确定社会等级的存在与必然性，并将此种理论与孟子"性善"、荀子"性恶"、扬雄"性善恶混"等区别开来。韩愈的这类文章在唐及后代思想史上产生了重大影响。故钱穆先生在《中国近三百年学术史》中说："治宋学必始于唐，而以昌黎韩氏为之率。"韩学在宋代具有极其特殊的地位。

欧阳修在其《书旧本韩文后》也称："宋代韩学空前兴盛，韩文风行天下，学者非韩不学。"现代学术界也早已认定"宋明新儒家之先河，宋学的源头正是韩学"。

他的另一类讽喻性的杂文如《杂说》《获麟解》，借助于龙、马、麟的遭遇来抒写自己怀才不遇的悲愤，比喻巧妙，寄寓深远，构思奇特。《答李翊书》《与冯宿论文书》《送孟东野序》《送高闲上人序》等，文笔变化多端，论述了他的文学思想和写作经验。

韩愈的叙事文，也十分出色，在他的散文中占有很大比重。他继承《史记》之历史散文的"实录"精神，写人、记事、状物都重视形象的鲜明与完整。《张中丞传后叙》写张巡、许远、南霁云英勇守城的事迹，慷慨悲壮，历来为公认的名篇。他善于选择最典型的真实事件，来突出人物性格，南霁云指斥贺兰进明一段，细节场面的生动描述，突出了南霁云"勇且壮"的特点。

韩愈的抒情散文与叙事紧密融合。《祭十二郎文》，突破传统祭文四言押韵的常规，用自由的散文体来诉说琐琐家常，表达骨肉深情，情志哀婉凄切。

韩愈的另一类散文如《毛颖传》《石鼎联句诗序》等，寓庄于谐，富有传记小说意味。韩愈的诗集中有诗三百多首。他的诗在李杜之后，开辟了一个重要流派。以文为诗、崎岖险怪是他诗作的特点。他将诗体散文化，扩大了诗的表现功能，如我们读他的《雪后寄崔二十六丞公》：

> 蓝田十月雪塞关，我兴南望愁群山。
> 攒天巋巋冻相映，君乃寄命于其间。
> 秩卑俸薄食口众，岂有酒食开容颜。
> 殿前群公赐食罢，骅骝蹋路骄且闲。
> 称多量少鉴裁密，岂念幽桂遗榛菅。
> 几欲犯严出荐口，气象碑兀未可攀。
> 归来殒涕掩关卧，心之纷乱谁能删。
> 诗翁憔悴剧荒棘，清玉刻佩联玦环。
> 脑脂遮眼卧壮士，大弨挂壁无由弯。
> 乾坤惠施万物遂，独于数子怀偏悭。
> 朝歊暮喑不可解，我心安得如石顽。

韩愈的诗歌特点是气势壮阔，笔力雄健，力求新奇，自成一家。他开了"以文为诗"的风气，对后来的宋诗影响很大。其诗集单行注本，清代有顾嗣立《昌黎先生诗集注》、方世举《韩昌黎诗集编年笺注》；今人有钱仲联先生的《韩昌黎诗系年集释》等。

钱钟书先生曾在其《谈艺录》中说："韩退之之在宋代，可谓千秋万代，名不寂寞矣。"陈寅恪先生则认为：在中国学术文化史上，韩愈"结束南北朝相承之旧局面，开启赵宋以降之新局面，为汉唐学术系统的嬗变，开辟了先路"。韩学在宋代的被接受与被传播，对考察唐宋之际学术思潮的变迁和思想文化的走向，具有重要意义。具体说来，韩愈倡导的儒家道统通过理学得以发扬光大；韩愈倡导的古文通过欧、苏、曾、王等家的努力得以蔚为大观；韩愈议论化、散文化的诗风，则通过欧、苏、黄、陈发展为宋诗的主流。"从上述意义上考量，宋学即是韩学的延伸，宋人对韩学接受与传播的过程，也就是宋学兴起、演变和发展的过程。"

如他在《原道》一文中提道："尧以是传之舜，舜以是传之禹，禹以是传之汤，汤以是传之文、武、周公，文、武、周公传之孔子，孔子传之孟轲。轲之死，不得其传焉。"

根据韩氏的这一说法，所谓的"圣人之道"是在孟子之后中断了流传，因而传至孟子的儒学思想，在孟子以后没有得到很好地延续。这便是《昌黎先生集》中发挥的最重要的思想。

现存于世的《昌黎先生集》，版本存讹误者多，为此，把辽宁省图书馆所藏之版本录之如下：

> 宋绍定六年（1233）临江军学刻本《朱文公校昌黎先生集》世间稀见，原书缺正集十五、十六两卷。国家图书馆藏有此二卷，原为一帙散出，合之可成全璧。此书其他存世残卷合之不足十卷，故可视为孤本。目录末有碑记"绍定癸巳临江军学刻本"。《天禄琳琅书目后编》著录此书也为"绍定癸巳临江军学刻本"。
>
> 是书板框高21.3厘米，宽14.5厘米，每半叶七行，行十五字，小字双行同，白口，左右双边，双鱼尾。书中避宋

讳"玄""朗""贞""征""慎"等字。版心镌有蔡赤、余坦、范崇等刻工。刻工精湛,字画峭厉,墨色浓润。傅熹年先生曾经眼此书,认为是宋代军学本之上品。

本书经明清藏书家文征明、王世懋、季振宜、朱筠等递藏,钤有"梅溪精舍""玉兰""江左""王印世懋""季振宜读书""振宜之印""扬州季氏""臣筠"等印记。清代中期归藏清官,钤有清官"天禄继鉴"藏书玺印全套。

民国十一年(1922)溥仪以赏赐为名,由溥杰携出清官,复至长春伪满洲国皇官,后为东北图书馆(今辽宁省图书馆)接收。

朱熹所校《昌黎先生集》自宋代行世以来流传极广,版本众多,流传至明代,文字衍误严重,此书可校勘明清传本之讹误,具有极高的文献和版本价值。已入选第一批《国家珍贵古籍名录》。

现把我在静嘉堂亲见阅读之宋版,当时写的札记,录之以下,以供研究者参考和研究:

《昌黎先生集》:存十卷,唐韩昌黎撰,李汉编,南宋淳熙刊,四册。

尺寸:(框高)28.4厘米×(宽)20.4厘米。

序目:昌黎先生集序,门人李汉编(抄补)。

版式:左右双边 (23.5厘米×16.3厘米),有界,每半叶十一行,每行二十字,版心线黑口,三黑鱼尾。

各卷末叶版心下方有字。如:"此卷十七板,共计六千七百单四字。邓鼎"（卷一），"此卷十三纸，共计伍仟六百九十四字。蔡和刊"（卷八）等。

宋讳：泫、炫、弦、悬、朗、泓、殷、匡、恒、胤、耿、恒、贞、侦、桢、祯、徵、惩、署、曙、树、竖、让、顼、煦、桓、完、构、媾、沟、遘、观、购、钩、雏、慎等。

刻工姓名：（卷一）邓鼎、（卷二）邓俊、（卷六）胡元、（卷七）刘秦、（卷八）蔡和、（卷九）宝、（卷十）革。

残存卷数：卷一（第一至五叶抄补），卷二，卷三（抄补），卷四（抄补），卷五（抄补），卷六，卷七，卷八（第八、九叶抄补），卷九，卷十（第一叶抄补）。

藏书印：张敦仁读过、阳城张氏省训堂经籍记、古余珍藏子孙永宝、张仲孝友、枚庵流览所及、荐粲葆穗兄弟之印、四麑仁季父印、观如道人、又玄子、淮海源流、景阳主人、一山两湖主人、眉山、董其昌印、毛晋、归安陆树声叔桐父印。

《仪顾堂题续跋》云：朱文公校昌黎先生文集四十卷，外集十卷，集传一卷，遗文一卷。次行题晦庵先生考异，留耕王先生音释。前有朱子序，次宝庆三年王伯大序，次凡例，次目录。每叶二十六行，每行二十三字，小字双行。凡各本异同各家注释，皆以黑质白章别之。凡例后有云：本宅所刊，系将南剑州官本为据，并将音释附正集焉。乃宋末麻沙坊贾识语。明覆本讹夺甚多。此本字画圆整，讹字亦少，宋季麻沙善本也。卷中有周良金印朱文方印、毗陵周氏九松迁叟藏书记朱文长印。

影印出版："古典研究会丛书"（汉籍之部 38），汲古书院2019 年。

现此本被确认为"日本重要文化财"。

白氏六帖事類集卷第二十二　凡二十八門　內三門附

戶口版圖一　招戶口二　本十三　遷徙四　移貫五

征役七　芻等便不均八　賦稅九　重斂十　關市之征十一　流亡六

九賦十二　山澤租稅十三　田稅十四　雜稅　籌賦十五

稅舟車六　輸賦稅七　復除六八　輸稅九　均輸二十　平糴二十一

貢獻二十二　闕貢二十三　斬菁二十四　九貢二十五　蠻夷貢賦二十六

出財助國二十七

戶口版圖第一

周禮司民掌登萬民之數自生齒已上皆書於版辨
其國中都鄙郊野異其男女歲登下其死生及三年大比以萬
人之數詔司寇司寇及孟冬祀司民之日獻其數於王王拜而受之
登于太府周官生齒之徒齒而人之齒生而備體也
聽閭里以版圖
太宰以官府之

宋刊本《白氏六帖事類集》

《白氏六帖事类集》

　　说起白居易（772—846），凡读过唐诗的人皆知。字乐天，号香山居士、醉吟先生。人称白文公。祖籍太原（今属山西），唐贞元十六年（800）进士，历任左拾遗、京兆府户曹参军、太子左赞善大夫。他不畏权势，常不平之朝政，上书论事，故招致朝中的一些大臣忌恨。至元和十年（815），因率先上疏，请求严缉刺杀宰相武元衡的凶手，以越职言事的罪名，贬为江州司马。后人读到了他的长诗《琵琶行》，正是他被贬元和十一年所作。贬官后做过忠州刺史、杭州刺史。时为民造了白堤（苏东坡建了苏堤）、在苏州刺史任上，亦多有政绩。

　　《白氏六帖事类集》是摘取经史之语，以让参加科考的举子（主要是考进士的读书人）读后，或可中帖。中帖则可中选。至于"六帖"之名，明陈继儒《太平清话》卷下说："白乐天《六帖》，为应科举而设，故丑类不广。"

　　武则天时代，科举取士，逐渐成为官吏选拔的重要途径之一，所谓的"帖"由此而来。《六帖》是白居易积累了社会、政治、法律、经济、文化等各类文献史料而成，是他自编的一部类书。所收录的唐代文献中，最可贵的是，律、令、格、式的若干条文，律有擅兴律、贼盗律等，令有乐令、选举令、考课令、封爵令、丧葬令、户令、授田令、祠令、杂令等，格有仓部格、金部格、户部格、祠部格等，式有兵部式、祠部式、吏部式、考功式、户部式、主客式、水部式等。唐律尚存，而令、格、式则原书已佚，此书所引虽是片断，仍可据以考知性质内容，且可以此为线索钩稽其他令、格、式遗文。如敦煌遗书中的唐代水部式残卷，即据此书卷二三所载水部式条文。其知识应用面广泛，引语多出经典。

《白氏六帖事类集》，在未刻出前，于唐宋时代早已流行，不断有人对它进行扩充、补续。如用鲁迅的话说："选本可以借古人的文章，寓自己的意见。"的确如此，对于类书，具有选本的功能，同时对考试者，也有作用。

自《白氏六帖事类集》后，至宋代，这类《六帖》式选本，层出不穷。宋代建炎、绍兴间，便有孔传《后六帖》三十卷。宋淳祐间，有杨伯岩作《六帖补》二十卷，引宋人诗句，补《白孔六帖》，陈绍《重广六帖学林》三十卷，陈天麟《前汉六帖》十二卷。此外，有佚名《六帖学林》等，一时形成《六帖》类书多种。凡此，亦可见《白氏六帖事类集》对宋代类书之影响。

由白居易所编的《白氏六帖事类集》，原名为《经史事类》，又名《事类集要》等。《白居易传》认为《白帖》是白居易死后由唐宣宗命人编撰而成，并根据此《白居易传》中载："天子遣中使择取二百余帖策子，皆是诸子百家秘要抄注也。就中有乐天稿。"

《旧唐书·白居易传》关于白居易文稿记载曰："有《文集》七十五卷、《经史事类》三十卷，并行于世。"《新唐书·艺文志》著录中，把《经史事类》称为《白氏经史事类》，下有注曰："又名《六帖》。"

陈振孙《直斋书录解题》曰："《醉吟先生墓志》云：又著《事类》三十卷，时人目为《白氏六帖》，行于世。"此书流传至唐末，书名已经三变，至于宋，有晁仲衍为之作注。入于南宋，则宋人孔传所撰《孔氏六帖》出，时人合二书于一，合称《白孔六帖》，自此以后，《白氏六帖》就没有再刊行单行本了。

我于静嘉堂文库经眼的藏本《白氏六帖事类集》，是一个白居易原著与晁仲衍所作之《注》的合刊本，也是北宋仁宗年间（1023—1063）的刊本。此本无疑是《白氏六帖》的初刊本。它在文献学与版本学上的价值，至为宝贵。其原藏明代皇室内宫，卷中有"文渊阁印"等即可佐证。后从宫廷中散出，为宋筠收藏，有"臣筠"之印。

而在日本，有天理图书馆藏《白氏六帖事类集》，也是三十卷，但此本是十八册本。卷中有樊增祥手识文。还附有七言诗一首，不妨一录：

> 软红尘里独萧闲，藏箧欣窥豹一般。自有草堂超秀野，人言风格似樊山。
> 学宗从汉先口老，身上千元百宋间。口眼今宵同一饱，鱼蔬风味出乡关。

> 沅庙仁兄正和馆愚弟樊增祥

据此，说明了《白氏六帖事类集》是白居易为科目选和制举所积累的"读书笔记"，是白居易平时自己用的文献史料、诗文创作、成语故事的一个素材库，对白居易咏史题材的诗歌创作的影响，也可见一斑也。

从现存的《白氏六帖事类集》看，其宋版系统主要有两个：一是"单行"本系统；二是"添注本"系统。单行本系统有两个版本：

一是原陆心源皕宋楼旧藏，现藏日本静嘉堂文库的北宋仁宗刊本，存三十卷，凡十二册，分十二帖。已由日本汲古书院影印出版。此本见载于陆心源《仪顾堂题跋》文中，称此刊本其中四册疑曾被《文渊阁书目》所著录："第一册、第六册、第八册、第十册，有'文渊阁印'四字方印，每册有'臣筠'二字朱文方印、'三晋提刑'朱文方印。明永乐十九年取南京书储左顺门北廊，正统十八年移于文渊阁。杨士奇等编为《文渊阁书目》，'盈'字号第二厨有白字《六帖》四部，内一部注云'四十册'。此本四册，有印，明初必订四册，所云'四十册'，疑即此本，'十'字乃衍文耳。"傅增湘《藏园群书经眼录》定此本为南宋本，因其避宋讳至"构"。实际上，此本不避"构"字，避宋讳"敬""弘""殷""恒"，不避"玄""匡"等字。至真宗朝，系北宋刊本无误。

二是傅增湘先生旧藏的南宋绍兴初刻本《白氏六帖事类集》，分帖册一至帖册六，共三十卷。文物出版社和台湾地区正光书局曾出版过影印本。宋讳避至南宋高宗朝，书中有南宋刻工姓名。陈乃乾付印此版时，发现前三册纸背有嘉定六年至八年鄞江盐税酒税公牍文字，所以此本初刻应在高宗朝，但宁宗时有过补刻。

"添注本"系统，名为《新雕白氏六帖事类添注出经》，也存两个版本。已有日本学者分别做过详细研究：一是藏于国家图书馆的北宋仁宗残卷，存卷十七至二十。二是台湾汉学研究中心图书馆（以下简称"台图"）收藏的南宋坊刻本，现存二十八卷，卷一至卷二十八，共十五册。

《白氏六帖事类集》从宫廷散出后，又历经许多藏家，专藏流转，及至由清末大藏家兼宋版研究家陆心源收藏，之后流入异域。他在《仪顾堂题跋》卷八著录了此宋版书的来龙去脉，其文颇值一读：

> 《白氏六帖事类集》三十卷，宋仁宗时刊本。版心有帖一至帖十二等字。余见常熟瞿氏北宋本史记，分三十册，版心亦如此。盖北宋时旧式，至南宋而无此式矣。是书原名《白氏经史事类》，见《新唐书·艺文志》。六帖者，时人以为括帖之用而名之，见《书录解题》引《醉吟先生墓志》。衢本《郡斋读书志》："六帖，白居易撰。凡天地事物分门类为对偶，而不载所出书。曾祖父秘阁公为之注。"是唐本无注，而注乃公武曾祖秘阁所为矣。按，王珪《华阳集》（载）《提点东京诸路刑狱公事……夫行尚书祠部员外郎充秘阁校理上轻车都尉借紫晁君仲衍墓志铭》称："仲衍以唐白傅所撰事类集，传者镂舛，乃参考经史，一以刊是之。仍据旧目，补考撷新，别为《后集》三十卷，曰《类事后集》。即此书也。宋经注皆别行，故北宋本经传有单注单疏本。仲衍注《六帖》时，本与原书别行，故曰《后集》。至刊版时乃合为一。然自宋至今，无人知为仲衍注者，可慨也。"按，仲衍，字子长，家开封之昭德坊。祖回，父宗愿，《宋史》皆有传。初以祖任将作监主簿，召试西掖，赐进士第七，迁至祠部员外郎，召试禁林，充秘阁校理。乞补外，知怀州。

专厉风节，诛锄豪强，众不敢犯法，就除东京提点刑狱。皇祐五年。为人端粹，嗜学未尝一日去书。工文章。丞相章得象、晏殊笺记，皆出其手。为《忭阳杂说》一卷，其言切于规谕。《两晋文规》五十卷、《史论》三卷、《文集》二十卷。瑞方、端禀、端彦，其子也。见《墓志》。悦之、咏之、微之、载之、冲之、觉之、贯之，其孙也。公寿、公耄、公逸、公留、公休、公武、公迹，其曾孙也。第一册、第六册、第八册、第十册，有"文渊阁印"四字方印。

每册有"臣筠"二字朱文方印，"三晋提刑"朱文方印。明永乐十九年，取南京书，储左顺门北廊。正统十八年，移于文渊阁。杨士奇等编为《文渊阁书目》。盈字第二厨有《白氏六帖》四部。内一部注云"四十册"。此本四册，有印。明初必订四册。所云"四十册"，疑即此本。"十"字乃衍文耳。不然，此书通计不过五百余页，安得有四十册之多邪！其流入民间也，或为分宜所窃，或由甲申之变，则不可考矣。宋筠，商丘人，单之子也。官山西按察使。所藏尚有《孔帖》三十卷。今归内府。汪氏《艺芸书舍宋刊书目》，有南宋麻沙本《白氏六帖》，题曰"新雕添注白氏事类出经六帖"。当是宋季麻沙坊刻。后归乌程蒋氏。余曾借校一过。妄删妄改，讹谬夺落，指不胜屈。以视此本，盖有霄壤之别矣。

读了陆心源亲自对这本流传了千百年的宋版书的收藏、借鉴、抄研，以及他自己的心得，确实体现了一个藏书大家的幸与不幸，欣慰和悲哀。然而能有这般体悟者，可谓世上稀少的书事奇星矣。

为供研究方家参考，我把在静嘉堂亲阅此书札记，录之以下：

《白氏六帖事类集》：三十卷，唐白居易撰，北宋刊十二册。

尺寸：（高）28.6厘米×19.3厘米（宽）。

序目：卷首有陆心源手识文。文曰：匡、敬、恒皆阙笔，贞字不阙，盖仁宗时刊本也。版心有帖一至帖十二等字。余尝见常熟瞿氏北宋本史记，分三十册，版心亦如此，盖北宋时旧式，至南宋而无此式矣。

版式：左右双边（23.5厘米×16.1厘米），有界，每半页十三行，每行二十三至二十七字，注文双行三十三至三十六字，版心白口。

版心：有"帖几"。帖一（卷一、二）、帖二（卷三、四）、帖三（卷五、六）、帖四（卷七、八）、帖五（卷九、十）、帖六（卷十一、十二）、帖七（卷十三至一五，卷末缺）、帖八（卷十六至十八）、帖九（卷十九至二一）、帖十（卷二二至二四）、帖十一（卷二五至二七）、帖十二（卷二八至三十）

宋讳：敬、惊、镜、弘、殷、匡、筐、恒。

缺页：卷八缺第三四、四二页，卷十五缺第五二至末页。

藏书印：文渊阁印、臣筠、三晋提刑、归安陆树声叔桐父印。

此本已经被日本文化财审议委员会确认为"日本重要文化财"。

影印出版："古典研究会丛书"（汉籍之部40、41），汲古书院2008年。

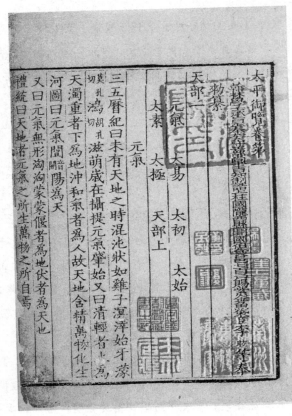

宋刊本《太平御览》

《太平御览》

被称为中国类书之冠的《太平御览》，是由李昉、李穆、徐铉等学者奉敕编纂。该书始于北宋太平兴国二年（977）三月，成书于太平兴国八年（983）十月。这部宋版书初名为《太平总类》。书成之后，据说宋太宗每天看三卷，所以又更名为《太平御览》。

全书以天、地、人、事、物为序，分成五十五部，每部之下再分子目，总共有子目四千五百五十八个。每个子目，集经史百家之言，还有小说、杂书、古诗赋、中医药、五行学说等。书中共引用古书达一千多种，真可谓包罗万象。此书保存了大量宋代以前的文献资料，但其中十之七八已经亡佚，更使本书显得弥足珍贵，列为中华传统文化的宝贵遗产。

至于宋太宗是否真的读完了这部庞杂的大书，当然无法考证。如此庞大的书，一般人不太可能去仔细读完。这相当于一部佛学《大藏经》，千万个僧人中，能读毕这佛经的很少。当然，也许专业学人，为了学术有专攻，去研究这部大书。

这部庞杂大书，其中讲到的故事非常多。比如，这部书中讲了一个名叫孙敬的故事，他是汉代人，《汉书》中记道："孙敬，字文宝，好学，晨夕不休，及至眠睡疲寝，以绳系头，悬屋梁。后为当世大儒。"

此人非常好学，经常关起门，独自一人不停地读书。每天从早到晚，废寝忘食；读书累了，也不休息。但时间久了，疲倦得直打瞌睡。他怕影响自己，就用绳子将自己的头发系于房梁上。功夫不负有心人，通过年复一年的刻苦学习、潜心积累，终成为一名通晓古今的大学问家。孙敬的读书生活，与晋武帝司马炎时代的李密在其《陈情表》中所说的"茕茕子立，形影相吊"的生活状况有点相似。

这类故事，因为榜样而传承，有一段时间，宣传得甚嚣尘上。读书能这样的苛刻自己吗？但早在《战国策》便有记载：苏秦攻读《太公阴符》，读书欲睡，引锥自刺其股，血流至足。

我想，古来这类读书人虽可能有，然也可能夸大其事。也许为博取功名所用，如曾国藩从寒门苦读出来，但是否用苏秦、孙敬之法，无法考证。历史学家、后曾任北京副市长的吴晗，曾说过"半部通鉴治天下"的话，如要把一部《资治通鉴》，通读背熟，这样的人，是否要"以绳系头悬屋梁"呢？如今也难以考证了。

但是，"悬梁刺股"这个词，已在中国相传至今。几千年过去了，我在网上看到，在"中小学阅读延伸"中，还在讨论这个几千年前的话题。当然，相信提倡中国新文化的鲁迅、胡适，是批判这种读书方法的。

《太平御览》中，还记载有交友交心的《古歌辞》：

> 结交在相知，骨肉何必亲？
> 甘言无忠实，世薄多苏秦。

交朋友要交心，彼此心相知，这才是真正的朋友，这才是可亲可信的朋友。骨肉之亲，如不知心，亦可变成路人或仇人；相反知心朋友之亲，却可做到真正的亲。交朋友，不能只听对方甜美的言辞。华丽之言，甘美之言，往往是虚假的，因而是"无忠实"的，对人有害的。无忠实，即心不诚，情不真。世薄，是说世情淡薄，即风气不好。"多苏秦"，即花言巧语的人太多。正因为世风如此，故交友特须留意，这两句是交友经验教训的总结和概括。

再举这本庞杂大书中的一个故事《与狐谋皮》：

> 周人有爱裘而好珍羞，欲为千金之裘，而与狐谋其皮；欲具少牢之珍，而与羊谋其羞。言未卒，狐相率逃于重丘之下，羊相呼藏于深林之中，故周人十年不制一裘，五年不具一牢。何者？周人之谋失之矣。（《太平御览》卷二〇八·职官部六引《符子》）

周国有个人喜好皮衣、讲究美食，想做价值千金的皮衣，就跟狐狸商量要狐狸的皮；想做像祭祀的羊肉一样的美味佳肴，就跟羊商量要羊的肉。

话没说完，狐狸就一个接一个地逃进了重丘的山脚下，而羊前呼后拥地躲进了森林之中。因此这个周人十年都做不成一件狐狸皮衣，五年做不成一次宴席。为什么呢？周人的计谋错了！

这种做法确实既可笑又愚蠢。当所办之事涉及对方的根本利益的时候，对方是绝对不会同意的。

当然，世界如此复杂多变，与狐谋其皮的事，甚或当你认清了本质，也会被骗而迷的事多的是，包括世事和世界的政治外交。

我在静嘉堂读宋版的《太平御览》，也只能读其概况及此书收藏流转之状：

《太平御览》：存三六六卷，宋李昉等奉敕编，南宋刊七十六册。

尺寸：26.9厘米×16.8厘米。

版式：左右双边（18.6厘米×13.2厘米），四周双边，有界，每半叶十三行，每行二十二字，注文双行二十二字，版心白口，双黑鱼尾。

藏书印：文渊阁印、南州高士东海豪家、琅琊王氏珍玩、云间朱氏珍玩、沈氏珍藏、惠定宇借观、江夏、无双、士礼居藏、百宋一廛、士礼居、黄丕烈印、复翁、汪士钟藏、吴云平斋曾读一过、归安陆树声藏书之记。

宋讳：玄、弦、炫、眩、敬、警、惊、殷、胤、匡、筐、恒、祯、贞、侦、桢、徵、署、桓、讲、慎等字皆缺末画。

残存卷数：存卷一至卷一百三十三，卷一百七十二至卷二百，卷二百十二至卷三百六十八，卷四百二十四至卷四百五十五，卷五百三十一至卷五百三十五，卷五百四十一至卷五百四十五，卷七百二十六至卷七百三十。

第一册副页纸为黄丕烈之手抄目录。嘉庆十一年（1806）岁在丙寅，五月装成。士礼居主人黄丕烈记。

卷末有黄丕烈之手跋：

太平御览，为类书渊薮。近时讲实学者尤重之。余于数年前，曾蓄三四部，非活字即宋字本，最后得一旧抄本。十三行为半叶者，较诸本为佳。然以未见宋刻为憾。闻郡城香严书屋周君锡瓒家，有宋刻残本。……岁甲子冬议直二百四十金，以余所藏他宋刻书抵其半。酬介者以十金。此书遂归余。余得后借校者仍来。余惜书癖特甚，朋好多知之。自归我家，竟未出户。去冬始付装潢，半年乃就。工费又数十金。凡破损及断烂处，悉以宋纸补之。可谓好事之至。存卷数目，别纸疏于前取易览也。是书出郡中朱丈文游家。朱与惠徵君栋为莫逆交。惠所著述大半取材是书，故有定宇借观图记。至卷端文渊阁印一方，知是为明时内府所藏，不知何时散失，仅存三分之一有强。然即此残帙，已足珍奇。……时嘉庆丙寅芒种后九日黄丕烈识。（"荛翁"朱文方印、"黄丕烈印"白文方印。）

此书最后归入陆心源的"皕宋楼"所藏，其在《仪顾堂集》有跋云：

宋版太平御览。存卷一至一百三十三，卷一百七十二至二百，卷二百十二至三百六十八，卷四百二十四至四百五十五，计三百五十一卷。初为中山王邸之物，有南州高士、东海豪家印。后入明内府，有文渊阁印，即文渊阁书目所载之不全本也。乾、嘉间，归黄荛圃主事，后归苏州富民汪士钟。今冬，余以白金百朋得之。核以黄氏原目，又佚五百三十一至五百三十五，五百四十一至五百四十五，七百二十六至七百三十，共十五卷。按：书中胤、慎、殷、恒、贞皆缺笔，而桓字不缺。则刊印当在仁宗时，为是书刊本之祖。宋刊世不多见，北宋刊本犹如景星庆云。是书虽残缺，而卷帙尚富，可据以校群书之伪。岂仅与残圭断璧同珍已哉！

张元济也在"宋本及日本聚珍本《太平御览》跋"曰：

《太平御览》为有宋一大著作，其所引经史图书，凡一千六百九十种，今不传者，十之七八。或谓辑自古籍，或谓原出类书，要之征引赅博，多识前言往行，洵足珍也。今所行者，有明代活字本，有锡邑刻本，其所从出，周堂序谓其祖曾得故本，黄正色序则谓据薛登甲所校善本缮写付刻。然胡应麟讥其姓名颠倒，世代鲁鱼，学者病焉。明《文渊阁书目》存一部，一百三十册；一部，一百册；均残缺。其后散出，递入于苏人朱文游、周锡瓒、黄丕烈、汪士钟家，最后为湖州陆心源所得，仅存三百六十余卷，今已流入东瀛，为岩崎氏静嘉堂中物矣。先是阮文达、何元锡各就黄氏假所藏文渊阁残本誊校，藏诸箧衍。嘉庆间，常熟张若云据何氏本，歙鲍崇城据阮氏本，次第梓行。张氏刊成，未几板毁，存书稀如星凤。传者唯鲍氏刻本。岁戊辰，余赴日本访书，先至静嘉堂文库观所得陆本，其文渊阁印灿然溢目，琳琅满架，且于己国增得若干卷，为之欣羡者不置。嗣复于帝室图书寮、京都东福寺，获见宋蜀刻本，虽各有残佚，然视陆氏所得为赢。因乞假影印，主者慨然允诺，凡得目录十五卷，正书九百四十五卷；又于静嘉堂文库补卷第四十二至

六十一，第一百十七至一百二十五。此二十九卷者，均半叶
十三行，同于蜀刻，唯板心无刻工姓名，且每行悉二十二
字，与蜀刻之偶有盈缩者不同，疑即在前之建宁刊本。蜀
本卷首《小引》谓"建宁所刊，舛误甚多"，李廷允跋亦言
"厘正三万八千余字"。今以二刻与鲍本校，虽各有脱误，然
阮文达序鲍刻，明言："古书文义深奥，与后世判然不同，
浅学者见为误而改之，不知所改者反误矣。或其间实有宋本
脱误者，但使改动一字，即不能存宋本之真，不能见重于后
世。"据此为言，是宋本即有脱误，未尝损其声价，且亦未
必真为脱误也。今请再举数例，以证宋刻之胜于今本：(略)
均以聚珍版补。宋刻每行二十二三四字不等，聚珍版则整
二十二字，故前后叶衔接处，偶有移易，理合申明。乙亥仲
冬，海盐张元济。

待《太平御览》影印出版《四部丛刊·三编·子部》。有碑
记：上海涵芬楼景印中华学艺社借照日本帝室图书寮京都东福寺
东京岩崎氏静嘉堂文库藏宋刊本。张元济先生终极尽全力，借日
本东福寺以及图书馆所藏的残卷，影印出了《太平御览》，流传
至今。但真正的宋刊，只剩了三百六十六卷，(不计其他补写本)
距原千卷只有三分之一，但对这部千年庞大的古籍，也算不幸中
之大幸矣。

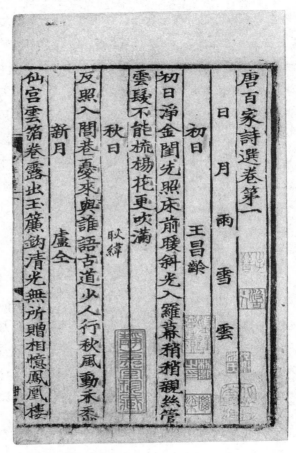

唐百家詩選卷第一

日　月　雨　雪　雲

初日　　　　王昌齡

初日淨金閨光照床前暖斜光入羅幕稍稍親絲管
雲暖不能梳楊花更吹滿

秋日　　　　耿緯

反照入閭巷憂來與誰語古道少人行秋風動禾黍

新月　　　　盧仝

仙宮雲箔卷露出玉簾鉤清光無所贈相憶鳳凰樓

宋刊本《唐百家诗选》

《唐百家诗选》

　　我在静嘉堂阅到一部由王安石编纂，南宋初年（高宗朝）时所刊《唐百家诗选》，计十卷，共五册。虽是残本，却是极具价值的一部珍本。全本为二十卷，今只存卷一至卷五，卷十一至卷十五。收录了中晚唐诗人的作品。此版本虽署名王安石，但对作者是谁，有许多考证，从而争论不休。

　　于此，我们可看大藏书家黄丕烈，在其注《百宋一廛赋》（及其他二种）中，是这么评价的：

　　　　荆公之百家，残本唐百家诗选，每半叶十行，每行十八字。所存一至十一，凡十一卷，首有杨蟠序，商邱新刻所无，余亦相去径庭，又有分类宋椠残本，在小读书堆。

　　从中可知，在宋时《唐百家诗选》已有两种版本，一种是分人编选本，一种是分类编选本，在后世形成两个版本系统，以前者流传最广。

　　我们可再读静嘉堂另藏的一种古本《唐百家诗选》，卷中有清代大家何义门手识文三则，第三则是如此表述的：

晁氏《读书记》云：《唐百家诗选》二十卷。宋敏求次道尝取其家所藏唐人一百八家诗，选择其佳者，凡一千二百四十六首为一编。王介甫观之，因再有所去取，且题云"欲观唐诗者，观此足矣"。遂以为介甫所纂。余按，《玉海》载《唐百家诗选》二十卷，不言介甫撰录。得晁氏之说，乃涣然无疑。今为诗一千二百六十首。

据此说，知这本《唐百家诗选》乃是宋敏求所编，经王安石删补所成。但不管何人所编纂，这是一部宋代人编纂的唐人诗集，则不应该有疑问。由于目前国内关于宋人所编纂的唐人诗文集，已经没有一个宋刻本了，所以此本，便是天壤间的孤本。此书原为明人毛晋所有，后归清人汪士钟收藏，经陆心源皕宋楼，最终为静嘉堂所得。

王安石（1021—1086），字介甫，晚号半山，抚州临川（今江西抚州）人。庆历二年（1042）进士。熙宁时主持变法，曾三为宰相，先后封舒国公、荆国公。卒谥文，追封舒王。早年出欧阳修之门，为"唐宋八大家"之一。

据《宋史·仁宗本纪》载："嘉祐五年……五月己酉，王安石召为三司度支判官。"王安石自谓《唐百家诗选》乃任三司判官时所选，故《唐百家诗选》二十卷应编选于嘉祐五年（1060）。

傅增湘在《静嘉堂文库观书记》"王荆公唐百家诗选十一卷"条云："至分人之本，倪氏得之临川，刻于乾道，后此刻（即静嘉堂藏'分类本'，2.1.1）七十余年，其出于后人重编，可无疑也。……昔年余获此书（即与静嘉堂藏'分类本'同版之国图藏南宋初年刻'分类本'，2.1.2），曾挟之海上，持示沈公乙庵。公谓昔人选诗，要以分类为近古，意此或为荆公原本耶？今以杨、倪两序证之，公言不尽无稽矣。……乙丑（1925）立春前一日棘人傅增湘记。"

我们可以说，从傅增湘曾亲历静嘉堂阅书所记，他认为"分类本"在先，"分人本"乃后人重编。今按，王安石序云："余与宋次道同为三司判官时，次道出其家藏唐诗百余编，诿余择其精者。次道因名曰《百家诗选》。"从王序中也可看出分类本为出其先也。当然，无论是分类本，乃或分人本，两者是不可分割的一个整体。只是藏家们据所得藏本的一个看法而已。

我们不妨再一看《唐百家诗选》的最后一个藏书家陆心源是如何评论的：

> 《仪顾堂续跋》卷十四著录此本，断为"北宋元符年间"刊本。其识文曰：唐百家诗选，存卷一至卷五，卷十一至十五。前有王荆公序、元符戊寅杨蟠序。每叶十八行，每行二十字。版心有刻工姓名，宋讳……皆为字不成。……
>
> 即百宋一廛赋所谓小读书堆分类本也。分类出自后人则不可知。选则未必伪，选或非尽出荆公，诗则不伪。宋荦（当作牧）仲必以此本为伪，亦一偏之见耳。书贾欲充完本，自卷十一以后，首行末行卷字下，及版心数目字，皆挖改。幸有挖之未净者。原书卷第，细审尚可辨。每册有休文后人朱文方印：北山草堂洪湾沈氏白文两方印、北山草堂珍藏朱文椭圆印、汲古主人朱文方印、子晋朱文方印、鳞湖沈氏世家朱文长印。

我在静嘉堂阅《唐百家诗选》，内容如下：

《唐百家诗选》：现存十卷，宋王安石编，南宋刊，五册。

尺寸：28.9 厘米 ×17.6 厘米。

卷首：王荆公《唐百家诗选》序，元符戊寅七月望日章安杨蟠书。

版式：四周双边（23.5 厘米 ×12.0 厘米），有界，每半叶九行，每行二十字，注文双行，版心白口，双黑鱼尾，又有单黑鱼尾。

卷中避宋讳：凡遇"玄、眩、弦、舷、县、悬、朗、敬、擎、檠、弘、泓、殷匡、筐、眶、贞、徵、曙、署、树、属、顼、煦、吉"等，皆为字不成。

刻工姓名：王华、王景、王仲、谢兴、徐岳、陈彦、陈佑。

残存卷数：卷一至卷五，卷十一至卷十五。

藏书印：北山草堂珍藏、北山草堂、休文后人、鳞湖沈氏世家、洪湾沈氏、子晋、汲古主人、杨灏之印、继梁、汪士钟曾读、士钟、阆源父、宋本、归安陆树声叔桐父印。

此宋刊本，已经被确认为"日本重要文化财"。

影印出版："静嘉堂秘笈"之一，于 1936 年由静嘉堂文库编。

1936 年，静嘉堂文库影印复制陆氏旧藏《唐百家诗选》，屈指算来，忽忽已八十多年了，因为多方面的原因，现在要寻找这些影印出版物，亦非易事。在国内，国家图书馆只有部分插架，各地公共图书馆，则几乎不见收藏，要查阅这些出版物，实属不易，故成瑰宝。

翰林學士兼龍圖閣學士朝散大夫給事中知制誥充史館脩撰臣歐陽脩奉

敕撰

則天順聖皇后武氏諱曌并州文水人也父士彟官至工部尚書
荊州都督封應國公后年十四太宗聞其有色選為才人太宗崩
后削髮為比丘尼居于感業寺高宗幸感業寺見而悅之復召
入宮久之立為昭儀進號宸妃永徽六年高宗廢皇后王氏立宸
妃為皇后高宗自顯慶後多苦風疾百司奏事時令后決之后
稱旨由是參豫國政既專寵與政凡數十年威勢與帝無異
人心迥不畏上元元年高宗號天皇皇后號天后天下之人謂
而謀漸不果上元二元年十二月高宗崩遺詔皇太子即皇帝位軍國
大務不決者兼取天后進止甲子皇太子即皇帝位
之二聖弘道元年十二月高宗崩遺詔皇太子即皇帝位軍國
后臨朝稱制大赦賜五品以下勳官一級庚午韓王元嘉為太尉

宋刊本《唐书》

《唐书》

　　《旧唐书》和《新唐书》，是记载唐代历史最为重要的两部史籍。《旧唐书》因成于五代衰乱之时，故书中不免出现"纪次无法，详略失中，文采不明，事实零落"等不足之处。至宋代由于政治、社会、经济相对稳定，故至北宋仁宗时便有了在原《旧唐书》的基础上，编撰一部《新唐书》进行出版的必要。朝廷选中当时的大臣欧阳修（1007—1072）作为领头来编修。如此，记录唐代正史的，是五代后晋人刘昫等人撰著的《旧唐书》二百卷，其中包括《本纪》二十卷、《志》三十卷、《列传》一百五十卷。作品原名《唐书》，但自欧阳修、宋祁等编著的《新唐书》问世后，才改称《旧唐书》。成书于后晋开运二年（945）。宋代欧阳修、宋祁等人编撰的《新唐书》二百二十五卷。《新唐书》编修时间，是北宋庆历年间（1045），到嘉祐六年（1061）修改完毕，由提举编修曾公亮领衔奏上。《新唐书》前后花了约十七年完成，这部纪传体史书，语言清新，编撰质朴，内容翔实，故为后世人赏识，有着巨大的影响。

　　欧阳修是我国最早提倡以金石考史的一位文学家兼史学家。修史时创新了金石考史之法，是一种比较实际的考证依据，其主要取古代碑刻上留下的记录，作为考证有关历史人物的世系、子孙、名字、官寿、乡里等，并涉及一些其他方面的史事。所以他的考证，较有价值。

欧阳修曾用十八年的时间，收集金石文字为《集古录》一千卷，其中十分之七八是唐代的碑刻。如他在《唐孔府君神道碑跋》中说："余所集录，与史传不同者多，其功过难以碑碣为正者。铭志所称，有褒有讳，疑其不实。至于世系、子孙、官封、名字，无情增损，故每据碑以正之。"

可以说《新唐书》是我国正史体裁史书的一大开创，为以后《宋史》等所沿袭。自司马迁创纪、表、志、传体史书后，魏晋至五代，修史者志、表缺略，至《新唐书》始又恢复了这种体例的完整性。以后各朝史书，多循此制，这也是《新唐书》在我国史学史上的一大功劳。

如今在静嘉堂收藏欧阳修、宋祁等所撰的《新唐书》宋刻残本一百九十七卷，实为北宋嘉祐年间之刻本，其有南宋时的配补书叶。卷中有南宋时人李安诗，明代永乐年间人钱塘梁与万历年间人充庵居士等的手识文。这些现都是汉籍文献中无价之瑰宝。

卷四末，有宋理宗景定五年（1264）手识文："景定甲子（1264）夏五下七点抹终卷。会稽李安诗识于克斋。"

卷二百二十五末，有宋度宗咸淳三年（1267）手识文：

咸淳丁卯（1267）四月戊寅，句点终抹。但其间或有一二字误，无佳本对证，不敢辄下雌黄，姑俟善本，当更是正。会稽李安诗谨识。是日阴雨，书于六友堂。

此宋本卷中，尚有明代人手识文二则。

一、明万历二十一年（1593）充庵居士手识文。文曰：

此宋板《唐书》，为钱塘李氏藏本。予爱其字画无讹，标抹详好，珍收有年。第中多残缺，兹以燕间抄录装缉，俾成完璧，书示子孙，使知先贤之嗜学与予之苦心，尚其保护无致。时万历癸巳重九，充庵居士识。

二、明永乐八年（1422）钱塘梁氏（有印记）手识文。文曰：

此书逮今一百四十余年，来自杭之桂翁。年逾八袠，见鬻于余，余以囊蠹暂乏，托之友人宋节赍来。旬日始尝价。书以示吾子孙，当谨保之毋忽。时大明永乐八年岁次庚寅五月望日。钱唐（下缺）。

据上数则手识文，可窥此《唐书》自宋至明，其收藏流转与版本来源较为清晰，如卷中有"李安诗伯之克斋藏书""钱塘梁氏珍藏书画记""树德堂子子孙孙保之""子子孙孙永用之"等。

现我把在静嘉堂亲阅的宋版《唐书》，当时录下的札记呈上以供研究者参考：

欧阳修《唐书》：存一八八卷，首目二卷，宋欧阳修等奉敕撰，宋绍兴刊南宋前期修，九十册。

尺寸：27.9厘米×17.3厘米。

序目：（曾公亮上进书表）嘉祐五年（1060）六月日提举

编修推忠佐理功臣正奉大夫尚书礼部侍郎参知政事臣曾公亮上表。唐书录卷上　推忠佐理功臣正奉大夫尚书礼部侍郎参知政事柱国庐陵郡开国公食已（邑）二千一百户食实封贰伯户赐紫金鱼袋臣曾公亮奉敕提举编修（第五至十七叶抄补）。唐书录卷下（第一至十八叶抄补）。

版式：左右双边（21.2厘米×14.0厘米），有界，每半叶十四行，每行二十四至二十五字，注文双行，三十一至三十二字，版心白口，单黑鱼尾。

宋讳：玄、眩、泫、炫、铉、朗、敬、惊、境、弘、泓、殷、匡、恒、祯、微等。

刻者姓名：董三六、董四三、李十娘、卫祥、王益、王介、王齐、王昌、王真、王震、王成、王祖、王端、王宾、华元、虞集、雇中、雇仲、吴谐、吴邵、吴绍、蔡擧、史复、谢氏、周志、周祥、周详、周毕、周哗、周富、徐氏、章彦、章中、章忠、章立、蒋济、蒋先、沈章、董安、董易、董暄、莫中、莫忠、毛易、余俊、李孜、李敏、李谋、李攸、六通、（补刻）王升、王祚、严铣、胡是、顾湮、蔡通、施峒、施泽、朱明、徐用、章宇、章受、章容、钱瑞、孙容、戴全、张通、陈说、董晖、董昕、莫允、莫中、李崧、吕昕。

缺卷：卷十二至十七，卷一五九至一八九。

缺叶：卷一第二叶、卷七五下第十五至二九叶、三八叶。

藏书印：李安诗伯之克斋藏书、钱唐梁氏珍藏画记、子子孙孙永用之、树德堂子孙保之、媒谷图书、仲履、充庵申源、浦充端印、毛襄、华伯、在在处处有神物护持、季振宜藏书、季振宜印、沧苇、汪士钟印、阆源真赏、归安陆树

声叔桐父印

陆心源在《仪顾堂题跋》卷二中著录此本。其文曰：

宋本新唐书。每叶二十八行，行二十五字。版心有刊
工匠姓名。纪志表传各分起讫。前有嘉祐五年六月，曾公亮
进书表。末题唐书凡二百二十六篇，总二百五十卷。二十一
帝本纪一十篇一十卷。十三志五十篇五十六卷。三表十五篇
二十二卷。列传一百五十篇一百六十卷。录二卷六行。首行
大题在下。仁宗以上讳匡胤炅恒祯及嫌名殷敬镜贞等字，皆
缺笔甚谨。不及英宗以下。盖嘉祐进书时刊本也。

全书皆经点抹，卷中多有会稽李安诗题语，自景定甲子
迄咸淳丁卯点完。景定为理宗年号，咸淳为度宗年号。盖宋
季人也。有李安诗伯之克斋藏书朱文印、梅谷图书树德堂子
孙宝之白文印，及季沧苇、汪士钟印。安诗仕履无考。宋嘉
定壬申刊本大事记末，有免解进士充府学直学李安诗同校正
衔名。查嘉定壬申距景定甲子五十二年，当即其人也。

天禄琳琅，载有宋板新唐书。行密字整，结构精严。于
仁宗以上讳及嫌名，缺笔甚谨。不及英宗以下。卷末有嘉祐
五年六月二十四进书衔名，及中书省奉旨下杭州镂版札子。
与此本一一皆合，唯失脱中书省札子及进书衔名耳。盖与天
禄本同出一版，其为唐书祖本无疑。唯天禄本，安诗印凡五
见，梅谷印凡二见。此本安诗及梅谷印凡百余见。又纪第四、
第十，志第十七上、第二十五、第四十四、第五十，列传第
七、第四十七、第六十六、第一百五十下，均有安诗题识。

卷三末，有万历癸巳充庵题语。末卷有永乐八年钱塘某某识语。天禄本则无。天禄本纸背有武侯之裔篆文红印。此本亦无。为少异耳。汲古阁所刊诸史多讹脱，新唐尤甚。今以此本校之，讹字不下千余处，其尤甚者……姑举一二以备考订。

另，也读到张元济为《宋刻本新唐书》著录此本，并曰：

缪艺风前辈得南宋建安魏仲立所刊《新唐书》，其后归于余友刘翰怡（1881—1963）。版印极精。余既假得摄影，凡阙四十余卷，求之数年，卒无听遇。岁戊辰，东渡观书于静嘉堂文库，睹丽宋楼陆氏旧藏小字本，半叶十四行，行二十五字，堪与《旧唐书》相耦。亟思印行，顾有残阙。然以《天禄琳琅》藏本，亦云行密字整。且诸家藏印如李安诗，如钱唐梁氏，如梅谷，款识皆同，私意必可版合，乃乞影携归。而故言之书，又已无存。复丐北平图书馆残帙补之，犹不足，适书肆以别——残宋本至，为商丘宋氏故物。视陆本每半叶仅赢二行，行增四五字，喜其相近，亟留之。凡陆本所无及漫漶过甚者，均可搀配。然犹缺《表》之第八、九卷，又原目亦仅存五叶，不得已更缩刘本以足之，于是此书全为宋刻矣。

陆氏本避讳及英宗止。《仪顾堂题跋》定为嘉祐进书时所刻，并北平配本，存《本纪》十卷，《志》五十卷，《表》十三卷，《列传》一百十四卷，又子卷六。其足以纠正殿本者。《地理志》第二十八，陕州陕郡夏县注下，多"芮城"

二字。……岁月既差，事实亦复，即是以观，而殿本之不可尽信，可断言矣。海盐张元济。（1936 年 12 月）

此本由日本文化财审议委员会确定为"重要文化财"。

《新唐书》影印出版：《百衲本二十四史》《四部丛刊史部》。牌记：上海涵芬楼景印中华学艺社，借照日本岩崎氏静嘉堂文库藏北宋嘉祐刊本阙卷，以北平图书馆江安傅氏双鉴楼藏宋本配补而成。

宋刊本《歐公本末》

《欧公本末》

　　欧阳修（1007—1072），字永叔，号醉翁、六一居士，北宋政治家、文学家。官至翰林学士、枢密副使、参知政事。其与韩愈、柳宗元、苏轼合称"千古文章四大家"。又是"唐宋散文八大家"之一。庆历三年（1043），他与范仲淹、韩琦、富弼等人推行"庆历新政"。欧阳修参与革新，被贬滁州太守。当时写了《醉翁亭记》一美文，直至今日，我们还能品赏那些妙句："环滁皆山也。其西南诸峰，林壑尤美，望之蔚然而深秀者，……渐闻水声潺潺，而泻出于两峰之间者，酿泉也。峰回路转，有亭翼然临于泉上者，醉翁亭也。"据说，此文开头五字，原本花了好多笔墨，描绘滁州四周的山。最后被欧阳修改成"环滁皆山也"，足见欧文，简练中见隽永，成为散文史上的名句。

　　欧阳修作为北宋古文运动的领袖、一代文宗，在当世甚为人所重，于宋一代，即有胡柯、薛齐谊等为其撰《庐陵欧阳文忠公年谱》，但由于时移世易，大都流失。

　　《欧公本末》，虽不以年谱名之，实则有相似之处，是吕祖谦直到临终前完成的一部书。版后流传甚少，于世不彰，千百年过去了，其传本，仅存于日本静嘉堂文库，近年，由陈捷等点校，列入《吕祖谦全集》出版。吕祖谦仅在世四十五年，却是宋代的一个大学问家。此文集的出版，为研究吕祖谦之同时代人，提供了新资料，为今日研究南宋学术，无疑是一大贡献。

吕祖谦（1137—1181），字伯恭，婺州（今浙江省金华市）人，南宋理学家、文学家。隆兴元年（1163）中进士及第，调补南外宗学教授，累迁直秘阁学士、提举亳州明道宫，参与重修《宋徽宗实录》，编纂刊行《皇朝文鉴》。淳熙八年（1181）逝世，享年四十五岁。吕祖谦博学多识，主张明理躬行，学以致用，反对空谈心性，开"浙东学派"之先声。他所创立的"婺学"（又称"金华学派"），是当时最具影响的学派，在理学发展史上占有重要地位，与朱熹、张栻齐名，并称"东南三贤"。著有《东莱集》《历代制度详说》《东莱博议》等，且与朱熹合著《近思录》。

《欧公本末》计四册，主要内容有欧阳修幼年勤学，初仕为官，自京官贬夷陵、乾德等人生经历，以及修《崇文总目》《礼书》等成就。涉及欧公修《唐书》《五代史》始末。《欧阳修年谱》以及欧阳修的《六一诗话》《归田录》《集古录》等文集。另有吕祖谦采撷文献时的考证补充文字。可以说，这是一部集原始文献与考订合一的书。故陈振孙在他的《直斋书录解题》中说道："盖因观《欧阳公集》，考其历仕岁月、同官同朝之人，略著其事迹，而集中诗文亦随时附见，非独欧公本末，而时事、时贤之本末，亦大略可观。故以入簿记类。"

《欧公本末》展示了欧阳修的文学理念。集中选取了欧阳修大量的辞章论文，如《记旧本韩文后》《尹师鲁墓志铭》《论尹师鲁墓志》《祭梅圣俞文》《梅氏诗集序》《内制集序》《与徐无党手书》《归田录》诸文。

在学术理念上，收录了欧阳修的《论元昊不可许称吾主》《论乞廷议元昊通和事状》《论西贼议和利害状》《论乞令宜抚使韩琦等在陕西》《论乞与元昊约不攻唃厮啰》等文章。又收欧阳修的《正统论》，强调"居天下之正，合天下于一"；同时也选录欧阳修"选才用人观""朝廷的议事"等文。

《欧公本末》，现仅存孤本，由陆心源于清末从皕宋楼流入了静嘉堂文库，如若没有全集编订，国内实难得见。即使存在国内的如《丽泽集诗》等，一般研究者要想读到，也绝非易事。乃因静嘉堂，非公共图书馆，故文库所藏的图书，均不外借，所有古籍，均不能影印复制，只能用缩微胶卷复印；其中古籍珍本则不接受复制要求（宋元版管理更严格）。如允许复制的书，复印收费为每一主题资料费五百日元；用缩微胶卷复印每页二十日元、摄影每页五十日元；印刷图版，摄影每张五千日元（宋元图版不准摄影）；简易装订之书，每册三百日元。读者进入静嘉堂文库，需在室外更鞋箱处，先换上文库所备拖鞋，进入室内需要寄包，然后到洗手间洗手，以防止手上细菌沾染到古书上。到静嘉堂阅宋版书之难，那确实是不一般的难。

去静嘉堂文库阅宋版书的经历，让我回忆起许多书人书事。我们到静嘉堂阅宋版书的第一天，其实讲好那天由日本冈雅彦先生（日本国文学资料馆原馆长）熟识的陈捷，引领我们一起去。但不巧的是，那天正好陈捷有事，不能带着我们去。更令我想起，那天在静嘉堂的阅书记录本上，看到这样的记录：2005 年 4 月 28 日，复旦大学吴格、陈捷（即在此读过宋版书）。另有复旦的姚大力先生有三次去过静嘉堂阅书的记录。这也说明入静嘉堂阅书，对方管理甚严。

《欧公本末》是从陆心源之皕宋楼流入静嘉堂的，而陆心源藏得此书、未流出前，他是如何阅读研究此书的？现把他的《仪顾堂题跋》录之如下：

> 欧公本末四卷，宋吕祖谦编。每页十八行，每行十八字。版心有字数及刊匠姓名。后有嘉定壬申严陵詹乂民刻板跋。宋讳嫌名桓完慎敦构皆缺避。项注神宗庙讳。当据稿本原文。书录解题、文献通考皆著于录。明以后收藏家无著录者。四库未收。阮文达亦未进呈。其书取欧公著述有关出处行谊朋友亲戚学术趋向者，掇集成书。故日本末。字兼欧柳，纸墨精良。纸背乃延祐四年官册。盖元初印本也。乂民字敬叔，遂安人。见陈宓复斋集。

陆氏跋语，虽只近两百字，却为后来的研究者提供了很多信息。《欧公本末》四卷，虽是宋吕祖谦撰，但由詹乂民写跋。那么，詹氏是何许人也？

据方志考，詹乂民，字敬叔，行七六，以通判致仕，恩补将仕郎，配余氏，子好礼、好谦、好信。南宋陈宓《复斋先生龙图陈公文集》卷二十二有《建昌詹侯墓志铭》，记载詹乂民生平，其历官从事郎、楚州司户参军，婺州、福州通判决，终知建昌军。宝庆（二年）丙戌季秋晦卒于行都，年六十有五。在婺州（金华）期间，刊刻吕祖谦《欧公本末》，有跋。在建昌，有《乌石山题名》，文称"兄子容、子好敏侍行"。

陈宓（1171—1226），字师复，号复斋，南宋兴化军莆田县（今莆田市荔城区）人，孝宗朝名相陈俊卿第四子。陈宓，少登朱熹之门，后从学于黄幹，以父荫入仕，庆元三年（1197）监泉州南安盐税，先后主管南外睦宗院、西外睦宗院。嘉定三年（1210）知安溪县，后历任知州、知军。宝庆二年（1226）授职直秘阁，主管崇禧观，拜领祠命而辞职名，进职一等致仕。嘉定三年至嘉定六年（1210—1213）任安溪知县期间，他关心民瘼，尽力而为。

《宋史》本传虽并未详载他在安溪时的政绩，而明清两朝编修的《安溪县志》中则明确记载了陈宓的许多政绩，如设惠民药局，置安养院，创印书局，劝俗谕民，建桥亭，修县厅，他也因此入祀安溪名宦祠。在当时的安溪，乃至闽南一带享负盛名。自宋代开始，莆田成为闻名遐迩的"文献名邦"，科举鼎盛，人才辈出，陈宓即是其中一位佼佼者。

现我把在静嘉堂阅《欧公本末》原本时之札记录下，供专家学者参考：

《欧公本末》：四卷，宋吕祖谦撰，宋刊元印，二十册。此宋刊祖本。

詹义民跋。宋嘉定五年序刊元印。

版式：29.4厘米（高）×20.0厘米（宽），左右双边（21.5厘米×15.4厘米），有界，每半叶九行，每行十八字，注文双行十八字，版心白口。有大小字数、刻工姓名。

此书藏书印有：高氏邻西阁藏书印（朱文方印）、志宛斋藏书、毗陵左氏朱文圆印、当湖小重山馆胡氏篦江珍藏、臣陆树声、归安陆树声叔桐父印记。

宋讳：嫌、名、桓、完、慎、敦、构皆缺避。

纸背系延祐四年册纸。字有赵体。书录解题著录，真罕见秘笈也。

　　《直斋书录解题》云：欧公本末四卷，吕祖谦编。盖因欧公集，考其历仕岁月同官同朝之人，略著其事迹。而集中诗文亦随时附见，非独欧公本末。而时事时贤之本末，亦大略可观。故以入簿记类。

　　影印出版：《欧公本末》是吕祖谦淳熙八年编订的重要史乘，其中保存了很多欧阳修的佚文，这对进一步研究欧阳修以及当时的历史、人事提供了重要的资料。流落日本静嘉堂文库后，不为人知，很多人认为此书已经亡佚。张元济赴日访书，曾将其列入影照书目，但商务印书馆是否完成影印，不得而知。

　　而今，我国学者继商务开创之风，成前人未竟之业，于 2005 年，金华市政协与浙江师范大学合作，由陈捷等整理出版《吕祖谦全集》。

　　日本东京大学东方文化研究所的学者难波征男先生，从静嘉堂文库复印了《欧公本末》，并且亲自点校。此书列入《吕祖谦全集》第九册。海内外学者终于得以重睹宋刻孤本《欧公本末》的真面目。（见 2006 年 3 月 6 日《光明日报》载：《吕氏遗风　泽被浙东》）

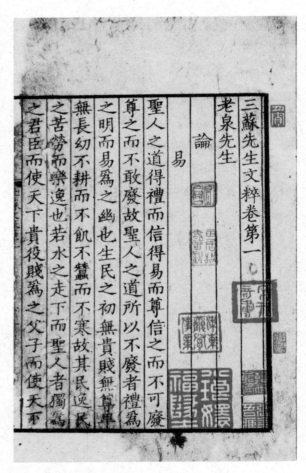

三蘇先生文粹卷第一

老泉先生

論

易

聖人之道得禮而信得易而尊信之而不可廢
尊之而不敢廢故聖人之道所以不廢者禮爲
之明而易爲之幽也生民之初無貴賤無尊卑
無長幼不耕而不飢不蠶而不寒故其民逸民
之苦勞而樂逸也若水之走下而聖人者獨爲
之君臣而使天下貴役賤爲之父子而使天下

宋刊本《三苏先生文粹》

《三苏先生文粹》

　　苏氏家族，四川眉州眉山人。苏洵（1009—1066）字明允，号老泉；苏轼（1036—1101）字子瞻，号东坡；苏辙（1039—1112）字子由，号颍滨。苏氏父子与唐代的韩愈、柳宗元，宋代的欧阳修、王安石、曾巩，史称唐宋八大家。

　　说起"三苏"，在《渑水燕谈录》一书中，始把苏洵、苏轼、苏辙父子并称为"三苏"。

　　据说，苏洵，少不喜学，壮岁犹不知书。至年二十七岁，始发愤读书。之后闭户读书，历五六年，研究六经、百家之学。

　　至宋仁宗时，苏洵与二子苏轼、苏辙至京师，得欧阳修之助，献书于朝堂，士大夫争持其文。待二子举进士〔嘉祐二年（1057）〕二月，欧阳修做了礼部贡举的主考官，以翰林学士身份主持进士考试，录取苏轼、苏辙、曾巩等人。于是，苏氏父子名动京师，文章擅天下。

　　苏洵擅长于散文，尤其擅长政论。如《管仲论》《辨奸论》《贾谊论》，其代表作《六国论》，论述了春秋战国后，秦能灭六国之因："六国破灭，非兵不利，战不善，弊在赂秦。赂秦而力亏，破灭之道也。或曰：六国互丧，率赂秦耶？曰：不赂者以赂者丧，盖失强援，不能独完。故曰：弊在赂秦也。"

苏洵议论明畅，笔势雄健。当然苏洵也写过许多诗，但风格与两子不同。

苏辙受其父影响，以散文著称，擅长政论和史论，写过《六国论》，总结六国灭亡的历史教训。苏轼称其弟散文"汪洋淡泊，有一唱三叹之声，而其秀杰之气终不可没"。苏辙写诗也力图追步苏轼，风格淳朴无华，只是文采稍逊，不如其兄。苏辙亦善书，其书法潇洒自如，工整有序。著有《栾城集》等行于世。

遥想当年，苏氏家族从四川到京城洛阳，在当年交通不便之下，不是件简单的事，这不由使我想起林语堂所描绘的那段话："他们要走水路出三峡，全长一千一百余里，七百里水路，旱路四百里，一路到京要花四个月，每走向前一步，都要经过危险万分的洪流激湍，悬崖峭壁，陡立水中，达数百尺之高，时而会有在惊涛骇浪中，翻船身亡的危险，就算是熟练的船夫，也视之为畏途，一不小心，时而会葬身于三峡水中。"（林语堂《苏东坡传》）

从上可看出苏氏家族三人奋斗的历程。我们在静嘉堂读到《三苏先生文粹》中的苏氏三人的各类文章，千百年来，可谓风行而传遍人世间。从而使这些作品，常读常新。他们三人经历的人生故事，也随历史而延续、令人百读不厌。

苏氏三人中，苏东坡的人生经历，应该说最为引人注目。自宋神宗元丰六年（1076），苏轼因"乌台诗案"被贬谪到黄州任职。其后的生活动荡不定，可谓时运不济，命运多舛。他从北至南，直到天涯海角，从四十多岁至六十六岁离世期间的二十多年，一直处于不由自主的生活状态中。后来，朝廷下达让他回南方的赦令，他因一路艰辛，到常州终于一病不起。

在苏东坡的众多作品中，除了诗词之外，令我喜读的是他的《记承天寺夜游》之散文。

面对失意的官场生活，苏轼到承天寺寻觅好友，于赏月之中，抒写了他面对生活的一个片段：

> 元丰六年十月十二日夜晚，（我）正脱下衣服准备睡觉，恰好看到这时月光从门户射了进来，不由得生出夜游的兴致。于是，高兴地起身出门。想到没有可以共同游乐的人，就到承天寺寻找张怀民。张怀民也还没有睡觉，我俩就一起在庭院中散步。庭院中的月光，宛如池水那样清澈透明。水藻、水草纵横交错，一眼瞧去，原来那是庭院里的竹子和松柏树枝的影子。哪一个夜晚没有月亮？哪个地方没有竹子和柏树呢？只是缺少像我们两个这样清闲的人罢了。（译自《东坡志林》卷一）

一篇二百多字的散文，映射出了苏轼壮志难酬、内心苦闷、旷达乐观的人生态度，以及君子安贫、达人知命、不坠青云之志的处世品行。朝廷发配他到各地，他都能应对自如，我们今日读苏东坡留下的一切诗词文章，正可见苏轼之才情，宦海人生，人生不免起起落落，面对如此坎坷的经历，苏轼却始终豁达。

写到此处，禁不住想起那日，我在静嘉堂阅宋版书时，当司库成泽麻子，一位文化气十足、长相优雅的女士，用那特制的红木书盘，一次次上楼拿下来让我们阅读的，正是《三苏先生文粹》那部大开本的宋版宝典。能在静嘉堂阅览室中，一卷卷翻阅，读这千年前雕版印刷的奇书。我闻到了千年前那纸墨上散发出的缕缕书香，真可谓三生有幸，那心情确是一生难以言说的愉悦。

《三苏先生文粹》七〇卷，宋苏洵、苏轼、苏辙撰，南宋刊三十二册，可谓世间独一无二的珍本。此书在国内未见有藏。

国内现有藏本，是婺州所刊的小字巾箱本。现藏于国家图书馆系明嘉靖年代之刊本，其源本也是从婺州所刊经翻刊而藏。如两书一经比较，在字里行间即窥其差异了。按国图目录介绍，此本全七十卷，二十四册，每页十四行，每行二十六字，白口，四周双边。

而现藏静嘉堂的这部《三苏先生文粹》，却是宋刊大字本。（尺寸是 33.7 厘米 ×23.0 厘米）较今日的 A4 纸还稍大。因其刊本大，每半页十行，每行十八字，每页三百六十字。其版式为左右双边（25 厘米 ×17.2 厘米），有界，版心白口，单黑鱼尾。故我国图所藏的小字巾箱本无法与之相比。

《三苏先生文粹》大刊本目次分别是：卷一至卷十一，为苏老泉（苏洵）先生文。卷十二至卷四十三，为苏东坡（苏轼）先生文。卷四十四至卷七十，为苏颍滨（苏辙）先生文。其中，有卷一一至卷一八、卷二二至卷二四、卷二九至卷三五、卷四八至卷五〇、卷五三至卷五九、卷七〇，是后人所抄补。

为避宋讳，凡"玄、弦、眩、惊、弘、泓、殷、匡、筐、恒、贞、徵、惩、让、完、购、桓、慎、敦、廓"等，涉宋帝字，皆为空格。

《三苏先生文粹》版心刻工姓名，如下：陈孝友（孝友）、田彦真、李士通、吴志、吴宝、孝文、黄企、蒋祖、宋杲、宋瑜、张珪、狄永、狄杞、马祥、林祀、吕拱等。

《文粹》编辑三苏的"论",都是从有关儒家经典的"论"开头,卷一为苏洵的《易》《礼》《乐》《诗》《书》《春秋》诸论。卷十二为苏轼的《易》《书》《诗》《礼》《春秋》五经论。卷四十四为苏辙的《易说》三首和《诗论》《洪范五事说》《春秋论》。

苏东坡在常州逝世前,曾郑重托付给他的好友钱世雄,并说:"把稿本妥为收藏,三十年之后,会很受人重视。"殊不知当年三苏《五经》诸论,千年后还是中国文化的重要组成。近人王国维、钱穆、陈寅恪、钱锺书,直至杨伯峻等,一代代人都在继承中发扬。

《三苏先生文粹》大刊本之目录末尾,有清道光七年(1827)李兆洛手识文。摘之如下:

> 此书有宋刊本、密字本,绝精美。此本疏良,乃宋刊之别体,明时东雅堂奇字斋所依仿也。补写诸卷雅洁,足以相称。珍赏家之于古书,如君子善成人之美如此。李兆洛过眼因识。

对此宋《三苏先生文粹》大刊本,清代另有邵渊耀、孙原湘两位藏书家,于同年(1828)撰写有识文。

傅增湘曾在日本亲见此书,他的《藏园群书经眼录》,卷十八著录本,有手识如下:

> 《三苏文粹》余平生所见者三本,皆密行小字巾箱本。此大刊本版式宽展,大字精严,纸墨莹洁,殊为罕见。且老泉(苏洵)文后附诗二十二首,为明刊十四行本所无,尤为

足珍。……非如短书小帙徒备怀挟之用也。

　　观宋大刊本《三苏先生文粹》，其藏书印章较多，如卷中有"季振宜藏书""张金吾藏""月宵""虞山张蓉镜芙川信印""虞山张蓉镜鉴定宋刻善本""蓉镜珍藏""虞山张蓉镜鉴藏""张伯元别字芙川""宋刊奇书""张蓉镜印""郁松年印""田耕堂藏""小琅嬛福地"等珍贵印迹。

　　观此本卷一，即老泉先生论《易》的首页，（见所附书影）就可见红色藏书印章九枚。其中有《季振宜藏书》朱文印章一枚。此是《三苏先生文粹》大刊本在清康熙年间（1662—1722）季振宜所藏之藏书印。到了清道光年间（1821—1850）此大刊本转至上海郁松年所藏，他名之为《宜稼堂》。所附书影中，有《张金吾藏书》白文印章一枚。还有《月宵》朱文印章一枚。

　　《三苏先生文粹》大刊本，至清嘉庆年间（1796—1820）又流至张金吾"爱日精庐"收藏。《爱日精庐藏书志》著录了此书。

　　清道光六年（1826）张氏破产，藏书散出，此书又为同里张芙川所得，其藏书楼，名为双芙楼，又钤上其妻婉真（号芙初女史）的印章。

　　到了清同治元年（1862），此《三苏先生文粹》大刊本，则流转至归安陆心源氏藏。藏书章有陆树声叔桐父、陆树声印章等。

　　这二百年间，此宋版大刊本《三苏先生文粹》，已经五易藏主。可以说，三苏留下的经论、诗歌、散文，乃至他们的名字，将永留人间，万古不休。

　　陆游曾在《老学庵笔记》中题道：

建炎以来，尚苏氏文章，学者翕然从之，而蜀士尤盛。
亦有语曰："苏文熟，吃羊肉；苏文生，吃菜羹。"

可见，南宋以来苏洵、苏轼、苏辙父子的文章，广为流行，已成为社会风尚，深入人心。我在异国虽匆匆读来，然千年前的父子三人，那音容意气依然充溢字里行间，三苏文论，合于《诗》之"大雅"——天生烝民，有物有则。诗文证史，名物考史。千百年来，其悠久历史与深厚的人文积淀，已然成为中国文化传承的一大贡献。

皇朝編年綱目備要卷第一　　凡七年

壺山　陳　均　編

太祖皇帝　起庚申建隆元年
　　　　　正丙寅乾德四年

庚申

建隆元年　是歲周禪位唐國主李景吳越王錢俶
荊南高保融湖南周行逢漳泉留從效

奉正朔蜀主孟昶稱廣政二十三年南漢
主劉鋹大寶三年此漢主劉鈞天會五年　春正月甲辰

上受周禪即皇帝位　辛丑朔此邊奏契丹此漢連兵
犯邊周帝命上領宿衞諸將禦
之上在周朝掌軍政凡六年士卒服其恩威數從征伐立大功
於是主少國危中外始有推戴之議壬寅殿前都副點撿慕容
延釗帥前軍先發癸卯大軍繼出軍校苗訓號知天文見日下
俊有一日黑光相盪指謂上親吏曰此天命也是多次陳橋驛

宋刊本《皇朝编年纲目备要》

《皇朝编年纲目备要》

　　《皇朝编年纲目备要》为陈均（1174—1244）撰。作者出身于官宦之家，其祖父陈俊卿，历仕宋代高、孝两朝，官至尚书右仆射、同平章事兼枢密使。父亲陈宓师，事朱熹弟子黄幹，著有《读〈通鉴纲目〉》等。陈均中年尚慕义理之学，故其用朱熹理学的思维概念，编撰了南宋高宗、孝宗两朝史事。从陈均出生时间推算，可以看出他把前朝的史事记录了五十年左右。《皇朝编年纲目备要》凡三十卷，简明记述北宋九朝史事。

　　陈均是本朝人修本朝史，更注重据事实录的编修原则。一个生活在当代的人，编辑当代史事，有其难处，但也有利文献资料的收集和评价历史的正确性。让后人看到了那段真实的历史。故作者在取材方面，正如林岊在该书《序》中所言，"其取类博"。仅就该书《引用诸书》中指明运用的，就有北宋九朝重要史著，包括宋国史、实录、会要以及《稽古录》《续资治通鉴长编》《国纪》《九朝通略》和《东都事略》等十七种。在具体编修方面，陈均依据自定《凡例》拟订纲目时，偏重选取宋朝史纪、《稽古录》等简明记事条目来立纲。目的是选取记事较为详备的宋朝史志列传和《续资治通鉴长编》《东都事略》等加以参据编修。

陈均曾把此书上进朝廷，朝廷曾授予他迪功郎。并奖嘉陈均："胶庠布衣，学博而辩。上自建隆，迄于宣、靖，凡百六十有七年，网罗旧闻，粹成一编，可谓有志矣。"说明了陈均编此书的认真，并对以后同类史书纲要的编修，产生了直接影响。

当然，作者陈均，并非独创此书，在他前面已有人撰写并刊刻了此本，陈只是在别人所撰基础上再充实而已。如我在静嘉堂宋版书上就有《宋九朝编年备要》（南宋末刊、抄补）等用词。这方面，我们从清代藏书家所言，此书均源于宋刊本，充分说明宋代刻书家已经以《中兴两朝编年纲目》作为书名，刊刻传世了。又如，清末四大藏书家之一的陆心源，他所藏影写宋刊本，就是此书，即《直斋书录》《中兴编年举要》《备要》之改名。这考证也是必然的，因陈均写的毕竟仍是宋代史事，还能受到朝廷嘉奖，这从中国历史上看，凡写史事者，总有前尘影印，乃或前人无名氏已经有了记录。司马迁所撰《史记》，是纪传，但也有前人所记或他自己主观所见。我们再来阅读此书流出域外之前的最后收藏家陆氏所记录的一段话（见《仪顾堂题跋》），更清楚此书"宋人写宋代前尘历史"的情况：

　　……欲纂作二书，一举其要，一备其目。庶几于文公朱先生所修通鉴纲目之意，而非敢以自比焉。真德秀述其言曰：昔尝读朱文公通鉴纲目，叹其义例之精密，辄仿而依之。然文公所述前代之史，故书法寓褒贬。今所书则据事直书而已。是其书本为续纲目而作，而不敢居其名。证以真西山序。举要备要合若干卷。林岊序，名曰皇朝编年举要备要二语，知举要备要并非两书。所谓举要者，其大书之纲也。备要者，其夹注之目也，非备要存而举要失也。均既不敢居纲目之名，此书仍题纲目备要。恐初刊本名纲目，及就正于真郑诸公。始改其名曰举要。请列二证以明之：版刊绍定二年，书进于端平元年，刻在前而进于后。刻名纲目进曰举要。其证一也。余又藏有影宋抄本。每卷题名纲目二字挖空。必挖去纲目，补刻举要。版片经久挖补举要二字夺落遂成空白。其证二也。均本乡曲老儒，罔知忌讳，及质于中朝士大夫，遂改其名。

据陆氏之题跋，可以看出陈均《皇朝编年纲目备要》一书，前所列主要"引用诸书"，除国史、会要之外，涉及南宋高宗一朝的，就有熊克的《中兴小历》《中兴纪事本末》、李心传的《建炎以来系年要录》、徐梦莘的《三朝北盟汇编》、李埴的《皇宋十朝纲要》、蔡幼学的《十朝政要》，这证明了陈均编修高宗朝史事时，的确参据了以上史著，况且以上史著大多仍存留于世。如该书在隆兴元年、淳熙六年以及十五年年末分别记载有该年户数。又如，在该书卷十四乾道元年二月"诏定国是"以及卷十五乾道二年冬十月"命讲读官进言"等处详载有陈俊卿奏疏。其他如张浚、张栻以及朱熹等人的奏疏亦多有存录。同时，通观《中兴两朝编年纲目》全书，一是陈均在按自定凡例编修史事时，显然含有一定的褒贬。如该书卷二建炎三年九月，"虏分我河北、河东为四路"，该纲中用"我"，凸显出了作者的倾向。又如，同书卷四绍兴二年九月，"初用御笔除官"。这我于上面已经说了，这是必然的。而对于孝宗一朝，陈均对内朝史事，更了如指掌、耳目相接。按：《宋史·孝宗纪》源于宋《中兴四朝国史·本纪》，这表明该书此部分基本参照国史本纪而修。对于孝宗朝"目"的部分，在以"原其始"或"要其终"，或"以类相从"，或"举宏撮要"等形式归聚有关史事时，取材则更为详备。陈均之书，在孝宗一朝的"纲"，多数都能在《宋史·孝宗纪》中找到相应的记载。

所以，我在静嘉堂亲阅此书，读其史料价值，更觉其重要。故此本已经被日本文化财审议委员会，确认为"日本重要文化财"。

我观有些学者评论此书，有不太正确处（存疑），故把静嘉堂所记札要录之以下，供研究参考：

《皇朝编年纲目备要》（宋九朝编年备要）：三十卷，首目一卷，宋陈均撰，南宋末刊（抄补），三十册。

尺寸：25.0 厘米 ×14.7 厘米。

卷首有三人序：

序一，前太学生甫田陈均拜手稽首谨识。

序二，绍定二年三月辛卯建安真德秀谨书。（序）绍定己丑中秋长乐郑性之书。

序三，绍定二年冬十一月南至朝议大夫直敷文阁新知漳州林岊敬书。

有"皇朝编年备要参用凡例""皇朝编年纲目备要引用诸书""皇朝编年纲目备要目录""壶山陈均编"等内容。

版式：四周单边（18.6 厘米 ×11.7 厘米），有界，每半叶十六行，每行大字十六字，注文二十四字，版心线黑口，双黑鱼尾，耳格（年号）。

宋讳：朗、匡、光、义、贞、恒、完、讲、构、购、淳、敦、慎等。

抄补：卷廿一至卷三十。

藏书印：严蔚、二酉斋藏书、士礼居、丕烈、荛夫、汪士钟印、阆源真赏、臣陆树声、归安陆树声叔桐父印。

《仪顾堂题跋》云：皇朝编年纲目备要，题曰壶山陈均编，绍定二年刊本。前有真西山德秀、郑文定性之、林岊序及自序。每叶十六行，每行大字十六，双行小字二十四。有严蔚白文印、二酉堂藏书朱文印、士礼居三字丕烈二字朱文印。盖严豹人旧藏。后归黄氏百宋一廛者也。按：均字平甫，号云岩，福建莆田人，谥正献俊卿之从孙也。濡染家世旧闻，又时亲炙于从父复斋先生宓。刻厉日奋，初肄业太学，及以累举恩当大对不就。归著此书。端平初，签书枢密院郑性之言于朝。有旨令本军缮录以进。授迪功郎，不受。郡守杨栋延入郡学为矜式，力辞不获。深衣大带，一至而返。闽帅王居安闻其名，延至福州，甚礼敬之。年七十余卒。性之题其墓曰"笃行君子"。著有《编年举要备要》《中兴举要备要》。见《文献通考》书录解题《福建通志》。郑性之序，述均之言曰："欲纂作二书，一举其要，一备其目。庶几于文公朱先生所修《通鉴纲目》之意，而非敢以自比焉。"真德秀述其言曰："昔尝读朱文公《通鉴纲目》，叹其义理之精密，辄仿而依之。然文公所述前代之史，故书法寓褒贬。今所书则据事直书而已。是其书本为续纲目而作，而不敢居其名。证以真西山序。举要备要合若干卷。林岊序，'名曰皇朝编年举要备要二语'，知《举要》《备要》原非两书。所谓举要者，其大书之纲也。备要者，其夹注之目也，非备要存而举要失也。均既不敢居纲目之名，此书仍题纲目备要。恐初刊本名纲目，及就正于真郑诸公。始改其名曰举要。请列二证以明之：版刊绍定二年，书进于端平元年，刻在前而进于后。刻名纲目进曰举要。其证一也。余又藏有影宋抄本。每卷题名纲目二字挖空。必挖去纲目，补刻举要。版片经久挖补举要二字夺落遂成空白。其证二也。均本乡曲老儒，罔知忌讳，及质于中朝士大夫，遂改其名，亦可见好学不倦矣。"

此本已经被日本文化财审议委员会确认为"日本重要文化财"。

《皇朝编年纲目备要》已于 1936 年影印出版，即"静嘉堂秘笈"之一，静嘉堂文库编。

冊府元龜卷第一百二十九

帝王部 一百二十九

封建

漢氏之興以同姓賓少後鑒秦孤立之敗繇是立二等之爵
以封功臣蓋異姓王肇於此矣東京以降稍息之政遷權臣
之制良有之也其若衰弊崇勳望申之異數咸聞為元魏之此
多被殊號迨及唐室著者之班秩胙土典冊寵名斯紀同光之後
勳臣競爽或稱藩請命撫封傳世恭順頌鍚外禦宣力則必加
之異數卹其爵禮稽若前訓咸可述焉至若貞觀之詔追用古
道事雖中寢亦許叙云乃百執所封五等之制蓋為常典此不
備青

漢高祖初為漢王二年十二月立韓太尉信為韓王初信從漢
王　　甲說漢王東鄉爭天下漢王還定三秦乃許王信先拜
羅　　太尉將兵略韓地項羽殺韓王成聞漢遣信略韓地乃令

宋刊本《册府元龜》

134

《册府元龟》

　　《册府元龟》，宋初编纂的一部重要史学类书。它与《太平御览》《太平广记》《文苑英华》并称为"宋汇部四大书"。景德二年（1005），宋真宗赵恒，命王钦若、杨亿、孙爽等十八人，奉敕编修《历代君臣事迹》，采修内容囊括全部十七史。该书分类编纂，部有总序，门有小序。编纂至祥和六年（1013）完成。书成后改名为《册府元龟》。其规模虽不及《太平御览》，但其史料价值，居四大书之首。

　　所谓"册府"是古代帝王藏书的地方，"元龟"是大龟，古代用以占卜国家大事。意即作为后世帝王治国理政的借鉴。全书共一千卷，目录有十卷。分列为帝王、闰位、僭伪部、列国君部、储宫部、宗室部、外戚部、宰辅部、将帅部、台省部等三十一部，部下再分门，共有一千一百多门。取材以"正史"为主，间及经、子，不采说部。

　　《册府元龟》汇集了上自远古、下迄五代各个时期的政治、经济、制度等基本概况。所据皆北宋以前古本，体例严谨，条理井然，自上古乃至五代繁复的史料，按照人物、事件分门别类地加以编辑排列，使其有条不紊，贯成一体。无论"总序"，还是

"小序"，均言简意赅，词义典雅，对后人了解每一部目的史料，非常有用，可以说是一座珍贵的资料宝库，具有很高的学术价值。

我国近代出版家张元济先生，为了复刻珍稀宋版书，曾在 1928 年特东渡访书，其间向日本静嘉堂借照《册府元龟》四百四十四卷，后又向国内的藏书家，借照《册府元龟》一百零六卷，共计五百五十卷，并由傅增湘先生据照相毛样，校于崇祯本上，已由商务印书馆制版打成了清样。

但因发生了上海"一·二八"战火而停印。直至 1990 年才由中华书局以商务印书馆张元济所获残卷纸型为基础，并补足国内未照三百一十八卷，影印出版了《宋本册府元龟》。

六十年过去了，如今尚可窥张元济先生为了《宋本册府元龟》等宋版书，翻刻影印出来，当年几经辛苦的奔波，仍显现在我们的眼前：

1928 年 12 月 15 日，张复马宗荣书，探问欲借静嘉堂之《册府元龟》《太平御览》。

1929 年 1 月 3 日，马宗荣致先生书，详告借影《武经七书》《愧郯集》《金华黄先生文集》《册府元龟》《本草衍义》等书情况，以及图书寮、内阁文库、静嘉堂等处借书进度。

1930 年 6 月 7 日，傅增湘致先生书，告北平图书馆《册府元龟》与静嘉堂藏少复者，如印时可借与加入。

1932 年 3 月 5 日，傅增湘致先生书，询问《太平御览》《册府元龟》和黄善夫《史记》底片等损失情形。

1932 年 3 月 17 日，复傅增湘书，"上海炮声已停""东方图书馆竟片纸无存。最为痛心"！另告《太平御览》《册府元龟》

和黄善夫《史记》底片尚在，《衲史》底版尽已被毁。海内孤本《周书》两部亦毁，"日后重印此书，正不知如何着手"。

说到《册府元龟》，于北宋成书的初刻本，早已全部失传。北宋真宗、仁宗曾经把此书分别赐给辅臣、御史台。至南宋时，也曾有两次刻印《册府元龟》，但也只剩下残本流传。尔后的明代抄本，舛错颇多，以至不能句读。至清末，有陆心源藏北宋残本四百八十三卷，他与明末崇祯本校勘，将宋本多出页数、条数，特撰成《〈册府元龟〉题跋》，后来，这些大都流入日本静嘉堂。直至民国由张元济东渡访书，通过各种人脉，发挥团队人文之精神，才得以向静嘉堂借照，又向国内藏书家借照残卷，终于得到这些宋版，共计五百五十卷。张元济将这国宝藏于北京图书馆。据陆心源跋所载，将宋本多出的页数、条数校于每卷之后，直至1960年，才由中华书局影印崇祯本，即今通行本。

有了前辈们积淀之基础，南京大学古文献研究所周勋初教授等一批专家学者，经过十余年的辛勤努力，又完成了《册府元龟》的校订整理工作，以明刻本为基础，合校诸本，择善而从，力求恢复宋本原貌。为方便使用该书，还专门编有人名索引一册，方便了人们学习和研究宋代以前的史实。

卞孝萱先生评述中曾说：

清乾隆时辑《旧五代史》，从《册府元龟》中采录材料。道光时刘文淇、刘毓崧等为岑建功校刊《旧唐书》，参用《册府元龟》，撰成《旧唐书校勘记》。民国时陈垣用《册府元龟》，补《魏书》缺页、《周书》缺字。中华人民共和国建国后，中华书局组织专家点校二十四史，注意到利用《册府元龟》补史之缺、订史之误，例如《宋书·颜延之传》所载之《庭诰》，错字夺文较多，王仲荦用《册府元龟》对校，做到文通字顺。北宋距唐五代近，《册府元龟》所采录的唐五代文献，颇有今已亡佚者，岑仲勉研究唐史也曾引用之。

商务印书馆影印出版的十二部陆氏旧藏中。其中一部便是《册府元龟》。商务印书馆当年影印出版的古籍，或是国内不存，或是残缺，实为珍贵。影印出版的成功，对我国文化传统的传承，对珍贵古籍的保存和流传，都有十分积极的意义。

如今已十多年过去了，能在静嘉堂文库，翻阅着各家所藏珍本原件，距今已有千多年的历史，回顾以往，追思先贤们，认真保存点滴残卷，可谓片片纸墨不废，令我浮想联翩，钦佩不已。叩问后人，可引读者跨越千年的追问，与先贤对话，正是有了他们的积聚，才让这中华文化传统延绵不绝矣。

现把我在静嘉堂所见《册府元龟》这部大书之版式，照录如下：

《册府元龟》：存四六六卷，宋真宗赵恒命王钦若等奉敕编，南宋刊，一六〇册。

尺寸：23.5厘米×16.6厘米。

版式：左右双边（18.9厘米×12.3厘米），有界，每半叶十四行，每行二十四字，注文双行二十四字，版心白口，单黑鱼尾。

宋讳：玄、弦、眩、泫、炫、枝、县、悬、朗、敬、儆、警、惊、弘、泓、殷、淀、竟、笺、镜、义、议、祯、贞、桢、徵、惩、树、桓、构、构、蒋、讲、购、陨等。

残存卷数：卷一二九至一六六，一七一至一八〇，一八二至二〇四，五〇五至五三八，五四五至五六五，五六七至五七七，五八三至五九九，六〇一至六〇六，六〇八至六六〇，六六六至七〇一，七〇六至七〇八，七一七至七二〇，七二六至七三二，七三七至七三九，七四二至七五六，七六一至七九一，七九六至八〇〇，八〇三至八〇六，八一一至八一二，八一五至八六五，八七六至九〇〇，九〇六至九三三，九三六至九三八，九四〇至九四二，九四四至九四七，九五〇至九五六，九六七至一〇〇〇（现存计六四四九页）。

藏书印：汪士钟藏、存斋读过、君直眼读、归安陆树声、叔桐父印、归安陆树声藏书之记。

录《仪顾堂集》跋云：

卷首题曰册府元龟卷第几，版心或曰册几，或曰府几。胤字作裔，或作某，注曰与太祖庙讳同。匡、敬、恒、祯、员、缺笔维谨，桓字不缺。盖是书初刊本也。以"明季李如京刊本校之，舛讹几不可读"。……即此四百七十一卷，脱文已一万三千余字，颠倒改窜者三卷，安得全书复出一、二正之也。余又藏有旧抄本一千卷，卷首题曰监本新刊册府元龟。然第五百九十三卷末叶亦缺，卷五百二十颠倒，卷五百五十七改窜，卷七百三十缺文。与今本同，当从南宋本影写。则是书在南宋已鲜善本，此本虽残，殊可贵也。

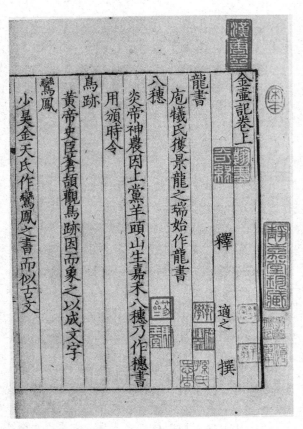

金壺記卷上　　　　　釋　適之　撰

龍書
庖犧氏獲景龍之瑞始作龍書

八穗
炎帝神農因上黨羊頭山生嘉禾八穗乃作穗書
用頒時令

鳥跡
黃帝史臣蒼頡觀鳥跡因而象之以成文字

鸞鳳
少昊金天氏作鸞鳳之書而似古文

宋刊本《金壺记》

《金壶记》

　　北宋释适之所撰《金壶记》，是中国最早的一部采撷群书、涉及书法艺术之重要著作。同时，开创了一种新的书法著作编修体例，在中国书法史上占有重要地位。

　　流传至今，有两种版本：一为宋版《金壶记》，现藏日本静嘉堂文库；一为康熙绛云楼（明末清初文人钱谦益、柳如是夫妇的藏书楼）影宋抄本，现藏北京故宫博物院。上述两刊本，虽年代相隔久远，却都有重要的史料价值和文献价值。

　　关于《金壶记》的编修体例，傅增湘先生在《校〈金壶记〉跋》中说：

　　　　标题二字于上，而注其原文于下，盖如《词林摘艳》之类。

　　即每一类目下的资料，并不详细照录古籍原文，只将其中的关键词，浓缩成两字标题（如"双绝""袖迹""三昧"等），然后附上摘录的句子。如是将古籍中的书法家故事、历史事件、诗赋文章、典章制度、帝王故事、社会文化等一一辑录于书中，全书标题多达四百零六条。

考"金壶"二字之来源，相传在周灵王时代，浮提国两位使者善书，手肘下皆系着一个四寸见方的金壶，壶中倾倒出浓稠漆黑的墨汁（可能是漆汁），洒在地上，即凝成黑色的小石块，仔细一看，竟都是篆、隶或蝌蚪文字。

然而不知何故，《金壶记》一书，未受到重视，清代修《四库全书》时，未将其收入，仅将其列在"存目"书中。直至20世纪90年代"四库全书存目丛书"编纂委员会才将《金壶记》收入"四库全书存目丛书"之中。

日本静嘉堂所藏皕宋楼旧版《金壶记》，则于1939年影印，列入静嘉堂文库所辑的《静嘉堂文库秘笈》。

我在异域，亲见《金壶记》，那是在2006年5月17日。天气晴朗，樱花盛开，我们到静嘉堂文库，这个据说是全世界中国古籍藏书最丰富的地方。那一天，在与静嘉堂文库长增田晴美和成泽麻子愉快的交谈中，她们两位代表静嘉堂文库，赠我一册三十二开淡黄色封面的签名本，这薄薄的书上记录了《金壶记》的书名。

今天，再重翻此书，前有老库长米山寅太郎写的一篇序，在这书的二十页上，我读到了《金壶记》一书的简介。这册小书是在平成六年（1994）十二月四日至十一日，由静嘉堂文库美术馆编辑，书名是《静嘉堂文库的古典籍》，《金壶记》列入该书的"子部"书目中。

静嘉堂文库，另还藏有中国古代美术品五千件。静嘉堂文库坐落于日本东京都世田谷区，其旁便有静嘉堂美术馆。记得有几天，我们在静嘉堂阅书期间，还认识了一位日本早稻田大学女博士，她是来美术馆做美学艺术的。她借阅美术方面的有关文献，只见她带一把尺，一边阅书，一边即认真测量着一些美术藏品。之后，她还专门来参加中国江南的藏书会议；听她说还来中国参加过一些佛教纪念活动。之后，我们用电脑互通了一些信息。

此外，《金壶记》还记录了宋以前中国多种书体、书人名录、社会历史，以及寺院中发生的书画逸事。不妨说，是当年一位僧人，记录了中国书画艺术上的那些故事。作者把涉及书画上的一系列人物、造诣、性格、事件细节，展现了出来，似向读者展示一部更广阔的中国书画艺术史。

我想，僧人适之，其生平至今未详，但这位宋代高僧，学问颇深。采撷书画艺林艺文艺事，撰写如此一部巨著，且有一种僧道点化之模式，是史家和小说家写不出的文章，纵然是一部杂录，亦算于佛界中极少见的一位僧人。

比如作者记载道：

> 裴休，字公美，孟州济源人。父肃，浙东观察使。休能文章，楷遒劲有体法。为人蕴藉，进止雍闲。宣宗尝曰："休真儒者。"大中时在相位，五岁，革漕舟积弊，止方镇横贼。终于荆南节度，年七十四。尝于泰山建化诚寺。休镇太原，寺僧粉额陈笔砚以俟，休神情自若，以衣袖揾墨书之，极遒健。逮归，侍妾见其沾湮，休曰："吾适以代笔也。"

另，有这样的记载："唐僧怀素好草书，自言得草书三昧。"《金壶记》记载的历史事件，如"发冢"条：

陈永定二年，群寇发丹阳郗昙冢，获王羲之并群贤墨迹，事发，悉入书府矣。

又如"奇字"条：

　　汉王莽使甄丰刊定六体，一曰古文，二曰奇字，三曰篆书，四曰隶书，五曰缪书，六曰虫书。

又如"真迹"条：

　　开元六年，命整理御府古今攻书钟、王等真迹，得一千五百一十卷。

书中还包括对社会文化变迁的记载，如"八体"条：

　　秦书有八体，一曰大篆，二曰小篆，三曰刻符，四曰虫书，五曰摹印，六曰署书，七曰殳书，八曰隶书。

又记载了关于唐时公卿大夫家收藏碑版的风俗，如"不孝"条：

　　当时公卿大夫家碑版，不得公权手笔者以为不孝。

《金壶记》录有许多书法教育的内容，如"画被"条记载：

繇谓子会曰：吾精思学书三十年，而画地广数步，卧画被穿其表，如厕则终日忘归焉。

讲述了魏钟繇向子会讲述自己学习的过程。

又如"编蒲"条记载了晋时王育在牧羊时，折蒲学书，勤而好学：

　　晋王育，字伯春，少孤贫，为人牧羊时，有暇即编蒲学书。

《金壶记》中还记载了古时候一些人通过书掌、画地等学习书法。如"书掌"条：

　　齐高祖昔为方伯，其家甚贫，诸子学书常少纸笔，武陵王晔尝以指书掌画空而已。

又如"画地"条：

　　齐徐伯珍，字文楚，少孤贫，书竹叶及以钉画地学书，又，孙敬凡画地书，真草皆如焉。

《金壶记》还讲述了书法评论的内容，如"刚柔"条：

　　唐张怀瓘论欧、虞书，虞则内含刚柔，欧则外露筋骨，君子藏器，而以虞书为优。

此则，评论了虞世南书法内含刚柔，欧阳询则外露筋骨。又评论欧阳询书法笔力劲险，如"劲险"条：

欧阳询书笔力劲险，为一时之绝，人得尺牍为楷范焉。

《金壶记》另还讲述了一些书体方面的内容，如"十书"条：

张怀瓘《论十体书》曰：古文、大篆、籀文、小篆、八分、隶书、章草书、行书、飞白书、草书。

这一记录，对中国书法史研究，至今还有意义。

宋刻《金壶记》，流传至明末钱谦益家，曾藏于"绛云楼"，但遇火烧去一部分，余下的残卷，归季振宜所藏，后又递藏徐乾学"传是楼"，马玉堂"汉唐斋"。最后为嘉兴钱天树所有。直到光绪初，终归入陆心源"皕宋楼"。现把在静嘉堂所见宋版《金壶记》记之如下：

《金壶记》，三卷，宋释适之撰。南宋刊三册，尺寸为27.3 厘米×18.5 厘米。其版式为左右双边（19.7 厘米×13.9厘米），有界，版心白口，单黑鱼尾。每半叶十一行，每行二十字。

为避宋讳，凡"玄、弦、惊、胤、恒、贞、徵、桓、购、慎"等，涉宋帝字，皆为空格。

刻工姓名：吴升、马松。

藏书印：钱受之、牧翁、乾学、徐健庵、子孙保之、传是楼印记、季振宜印沧苇、季振宜藏书、御史振宜之印、孙氏志周、钱天树印、曾藏钱梦庐家、嘉兴钱梦庐所藏宋本、马玉堂、笏斋、汉唐斋、翰墨奇缘、宋本、归安陆树声叔桐父印、归安陆树声所见金石书画记。

《金壶记》未流入外域前，有陆心源著《仪顾堂集》，其在跋中说：

> 金壶记三卷。首行题曰金壶记。次行题曰释适之撰。每叶二十二行。每行二十字。版心有字数及刻匠姓名。孝宗以上讳皆为字不成。盖南宋时刊本也。是书虽不足取，所引蜀王锴、张伾等各条亦他书所罕见。卷一有乾学二字朱文。徐健庵三字白文方印各一、季印振宜四字、沧苇二字朱文方印各一。又孙氏志周朱文方印，汉唐斋白文长印，笏斋朱文印，马玉堂白文方印。又卷三末有子孙保之朱文方印。传是楼印记白文方印。御史振宜之印白文方印。按：徐乾学，字健庵，昆山人。康熙庚戌进士，官刑部尚书。传是楼，其藏书处也。季振宜，字沧苇，泰兴人，顺治丁亥进士。官至御史。马玉堂，号笏斋，海盐人，道光举人。汉唐斋，其藏书处也。

对于《金壶记》，从明清至近现代，不断有学者对此书进行研究，如明代杨士奇等编撰的《文渊阁书目》《钦定天禄琳琅书目》。清代有王原祁、孙岳颁、宋骏业、吴暻、王铨等纂辑的《佩文斋书画谱》，倪涛所编《六艺之一录》。

近现代的有梁披云编的《中国书法大辞典（上、下册）》，赵传仁、鲍延毅、葛增福主编的《中国书名释义大辞典》，李国钧主编的《中华书法篆刻大辞典》，上海书画出版社编的《简明书法辞典》等都有收录。

傅增湘见到日本静嘉堂影印宋刻本后，曾对此版本进行校勘，著有《校〈金壶记〉跋》。赴日学者辛德勇在他的《记我买过的几部影印本古籍》一文中论述了《金壶记》的流传情况。另外，李文的《宋代书学著述研究》、丛思飞的《唐代书法文献研究》对《金壶记》也进行了考订。

一个僧人以一己之力，能编出这么一部书，可想其下了多少功夫与时间，也许，还有许多崎岖曲折之人生经历；只是至今人们对这位僧人的生平经历，知之甚少，无疑是一件可惜的事。

我从静嘉堂阅《金壶记》至今，也一如白驹过隙，倏忽十多年了，治世弘文，乱世毁业；每一思之，至晚清，随时代之衰弱，中国宝籍流失海外，不禁叹息。

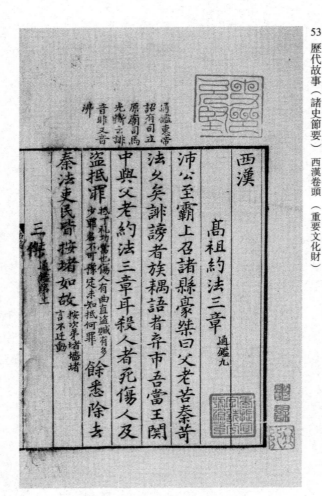

宋刊本《历代故事》（诸史节要）"西汉"卷头

《历代故事》

　　《历代故事》由宋杨次山（1139—1219）编，宋嘉定五年（1212）刊出。杨次山是南宋宁宗时的皇后杨桂枝之兄。

　　杨家祖籍河南开封，曾祖杨全，以才奋武，靖康末，因捍卫京城为国殉难。祖父杨渐，以遗泽补官，仕官在越之东南，遂置家于上虞。中华书局1985年点校本《宋史》卷二四三《恭圣仁烈杨皇后传》载："恭圣仁烈杨皇后，少以姿容选入宫，杨皇后忘其姓氏，或云会稽人。有杨次山者，亦会稽人，后自谓其兄也。遂姓杨氏。"

　　这是宫廷内争的一个谜，因杨氏被选入宫廷时，出身"声伎"，原本卑微，由于卑微，有所隐讳，只能选择与"仪状魁伟、少好学能文，补右学生后受职宫中"的杨次山认为兄妹。但杨皇后聪明能干，于宁宗庆元元年（1195）三月，被封平乐郡夫人，庆历三年（1043）四月进封婕妤，五年被封为婉仪，六年进贵妃。直至嘉泰二年（1202）十二月甲申成为皇后。以后的宋代，到了宁宗时代的历史，其局势与以前相比可谓霄壤之别、万枘圆凿，宫内朝政，已大相径庭了。杨皇后与生母离开时，杨还不足十岁。

　　当然，杨次山仪状魁伟，能文能武，初为宫中武德郎。随着杨桂枝由婕好进婉仪、贵妃直至皇后，杨次山也沾恩同步升迁，历任吉州知州、福州观察使、岳阳军节度使，加太尉、开府仪同三司，进少保、太保，直至晋封会稽郡王。其父杨忠被封为齐王，儿子杨谷、杨石，分别被封为新安郡王、永宁郡王。皇帝钦赐杨家王府坐落萧山渔浦，取名"崇福侯府"，杨家显赫一时。

但杨次山，汉贵为"皇亲国戚"时，他知书明礼，为人正直，行事唯谨，"能避权势，不予国事，时论贤之"。对于升迁，杨次山从不得寸进尺，曾多次上表辞免开府仪同三司之职，只是宁宗始终未允。杨次山晚年告老还乡，因丰惠旧宅系杨桂枝的出生地，为表敬意，不便再居（后在原址建明德观），便在东门外孟闸东首购地数十亩，营建一座别墅，即为"花园"。花园北面和东面靠河，引"四十里河"之水凿地成池，垒土作山，园内亭台楼阁，舞榭歌台，雕梁画栋，珠帘绣幕，极一时之胜。南宋亡后，花园周边平民不断聚居，逐渐形成新的村落，名叫"花园畈"。南宋嘉定二年（1209），杨次山举家搬迁萧山西兴。死后，葬于萧山义桥镇戚家西坞，赠太师，追封冀王。今日，他为历史留下了南宋版的《历史故事》。我们在《杨岐寺与南宋杨皇后》等历史文献中，还可窥杨次山其人其事。

从平民到皇后的杨桂枝（1162—1232），身世实在令人称奇。从大历史视角视之，杨桂枝在北宋与南宋之际，显出其是一位主和派。从宋宁宗赵扩皇后直到恭圣仁烈皇太后，杨桂枝善通经史，工于诗，善书画。也留下了她的作品：由宋理宗书名的《杨太后宫词》，是杨桂枝以宫廷生活为题材写的一部诗词集，流传至今的有三十首；她书写的《道德经》至今还存，字体娟秀工整，"波撇秀颖"；她现存的画作有《宋杨婕好百花图卷》《樱花黄鹂图》和《月下把杯图》。这些诗画作品，是南宋诗苑画坛中的一枝奇葩。作为一代皇后，如此多才多艺，也实在令人称奇。

而杨次山，他撷取历代的历史、文献，如《史记》《汉史》《后汉史》《三国志》《晋史》《南史》《北史》《唐史》《五代史》《左传》《家语》《说苑》《新序》《国策》等编成一部《历代故事》（诸史节要）共有一二卷。此书，是杨次山手书上版，因是手写，书法秀雅、具疏古之意，且写在宋代厚白纸上，书精心、质上乘，正因如此，世人知之甚少，《四库全书》也未曾著录。卷前有《序》，而只署了"壬申岁仲春，坤宁殿题"。是南宋宁宗嘉定五年（1212 年）由皇后杨桂枝所撰。此本是稀见的南宋嘉定年间的手本，原为明代内府所藏，约至清代，系清室怡府明善堂所藏。这部内抄本，让我们能够较为完整地看到那些历史人物的故事，并且比看历史书、传记等，更为直观，更觉真实，且更生动。

其后，可能由于战乱，《历代故事》流入了民间，之后，此可谓孤本，为明末清初藏书家季振宜（1630—1674）、清末藏书家陆心源（1834—1894）等先后收藏。故卷中收藏印，既有文渊阁印，又有季振宜书印。

现我把亲历静嘉堂阅读此本时的札记，录之如下，供学者比较研究：

> 《历代故事》（诸史节要）：杨次山编，宋嘉定五年序刊，十二册。
>
> 尺寸：（高）32.7 厘米 ×（宽）23.2 厘米。
>
> 序目：两汉目录；（序）壬申岁仲春望日坤宁殿题；（第四册卷首）两晋目录（抄补）；（第七册卷首）唐书目录；

（第九册卷首）五代史记（目录）。

版式：左右双边（20.7厘米×15.8厘米），有界，每半叶八行，每行十六字，注文双行，字数不定，版心白口，单黑鱼尾。

宋讳：玄、畜、惊、弘、殷、匡、恒、祯、贞、桓、完、慎、敦等。

刻工姓名：王玩、吴志、吴椿、高异、朱玩、宋琚、大志、赵中、方至、李倚、陆选、刘昭。

藏书印：文澜阁印、支允坚印（二种）、杲坡父、梅溪精舍、玉阑堂、辛夷馆印、怡府世宝、季振宜沧苇、季振宜字诜兮号沧苇、季应召印、明善堂藏书画印记、臣陆树声、归安陆树声叔桐父印。

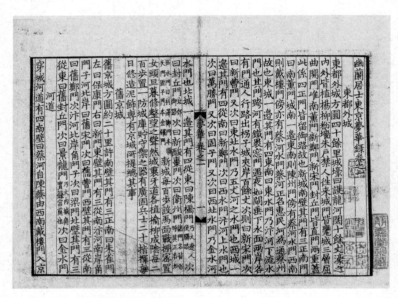

宋刊本《幽兰居士东京梦华录》

《幽兰居士东京梦华录》

　　宋代学者、孟元老，撰《幽兰居士东京梦华录》一书。作者孟元老，号幽兰居士，生卒年不详。《东京梦华录》成书于南宋高宗绍兴十七年（1147），实际付梓，则在孝宗淳熙十四年（1187），距北宋灭亡已有六十年。书前有自序，署名为"幽兰居士孟元老"。

　　此书记载了北宋京城开封宫阙、坊巷、典礼、仪卫、市井人物、民俗风情等。为后人认识北宋后期特别是徽宗一朝的都市生活，提供了珍贵素材。可以说，《东京梦华录》追述了北宋都城东京开封府城市风俗人情，所记大多是宋徽宗崇宁到宣和（1102—1125）年间北宋都城东京开封的情况，描绘了这一历史时期，居住东京的，上至王公贵族下及庶民百姓的日常生活情景，如京城的外城、内城、河道桥梁，皇宫内外官署衙门的分布及位置，城内的街巷坊市、店铺酒楼，朝廷朝会、郊祭大典，当时东京的汉族民风习俗、时令节日、饮食起居、歌舞百戏等，几乎无所不包，确是研究北宋都市社会生活、经济文化的一部重要的历史文献。书中有大量精彩描述，汴京（开封）作为北宋都市空间的布局、皇家及平民百姓的生活情景，也可说是一部笔记式历史地理风物志，是研究中原社会文化不可或缺的经典著作。此书，后来对南宋灭亡前后成书的《都城纪胜》《西湖老人繁胜录》《梦粱录》《武林旧事》等一批反映临安社会文化的创作，均有很大的影响。

作者孟元老于自序中追述了当年撰写此书的情景：

> 正当辇毂之下，太平日久，人物繁阜。垂髫之童，但习鼓舞，班白之老，不识干戈。时节相次，各有观赏：灯宵月夕，雪际花时，乞巧登高，教池游苑。举目则青楼画阁，秀户珠帘。雕车竞驻于天街，宝马争驰于御路，金翠耀目，罗琦飘香。新声巧笑于柳陌花衢，按管调弦于茶坊酒肆。八荒争凑，万国咸通，集四海之珍奇，皆归市易，会寰区之异味，悉在庖厨。花光满路，何限春游，箫鼓喧空，几家夜宴？伎巧则惊人耳目，侈奢则长人精神。

另作者用大量的笔墨，记录了当时东京民间和宫廷百艺，书中还辟有《京瓦伎艺》一目，详述了勾栏诸棚的盛况，及各艺人的专长。对宫廷教坊、军籍、男女乐工、骑手、球队也做了描绘。特别是春日宫廷女子马球队，在"宝津楼"下的献艺，还将火药应用于"神鬼""哑杂剧"中，以增加艺术奇特的效果。这给以后民间流传的上百种艺术，以及口头讲史、小说分类等，都留下了可贵的记录。

此书第八卷，还记载了端午节物，百索、艾花、银样鼓儿、花花巧画扇、香糖果子、粽小、白团、紫苏、菖蒲、木瓜，并皆茸切，以香药相和，用梅红匣子盛裹。自五月一日及端午前一日，卖桃、柳、葵花、蒲叶、佛道艾。次日，家家铺陈于门首，与五色水团、茶酒供养；又钉艾人于门上等。这类风俗一直延续至千年之后的今天，人们每逢端午节，还沿用这流传下的风俗。

可以说，此书于南宋初年临安刊行以来，一直为人们所重视。封建社会里的文人墨客，在谈到北宋晚期东京掌故时，莫不首引此书，如赵甡之的《中兴遗史》、陈元靓的《岁时广记》以及陶宗仪的《说郛》，对该书的部分资料，都有所选录。到了近代，由于此书具有社会经济文化史价值，中外学者还把本书与《清明上河图》视同姐妹之作，二者对于考察研究北宋城市经济发展史都具有重要的意义。

以下再讲《东京梦华录》版本刻制过程。因南宋的《东京梦华录》，其刊本早已失传，而元刻《东京梦华录》本，是元至正年间刻、明初印行的《东京梦华录》本。实际由清代著名藏书家黄丕烈，对所废藏的元刻，经他校选后，用明国子监纸印刷而成。故此刻本，字大醒目，结构方正，纸张洁白，笔画朴厚，颇具宋本之风韵。

我于静嘉堂所阅到的，便是这个刻本，卷首有黄丕烈氏跋文二则：

（一）此幽兰居士东京梦华录十卷，东城顾桐井家藏书也。因顾质于张，余以白金二十四两从张处赎得。装潢精妙，楮墨古雅，板大而字细，人皆以为宋刻。余独谓不然。书中唯祖宗二字空格，余字不避宋讳，当是元刻中之上驷。至于印本，当在明初。……余向藏何子未校本，即出于此刻。知毛刻犹未尽善，不但失去淳熙丁未浚仪赵师侠之后序而已。竹垞翁所藏，为弘治癸亥重雕本。此殆其原者。惟汲古阁珍藏本，有所谓宋刻，其书目载之。未知与此又孰胜耶。卷中收藏图书甚多，知其人者，独顾氏大有诸印，为我吴郡故家。夷白斋一印，不识是陈基否？然篆文印色俱新，恐非其人矣。嘉庆庚申闰四月芒种后三日。辑所见古书录，启缄读之，因补题数语于后。阅收得时已二载余矣。读未见书斋主人黄丕烈识。

（二）是书已归艺芸书舍，前因匆促，未获录副，且有毛氏汲古旧藏抄本在，似与此本微异，而抄本又有吴枚庵临校宋本在其上，故去此留彼。既而又得见弘治本，复覆勘之，始知一本有一本之佳处。反思元本之未及校为可惜。幸艺芸主人乐于通假，遂借归手校。元刻固精美无比，惜经描写，略为美玉之瑕。苟非余藏旧抄，乌知描写之误邪？还书之日，附载斯语，以质诸同好者。道光癸未仲春，菀夫。

从黄丕烈氏手跋文二则，可见其版本之来龙去脉。也从此书，一窥宋代风韵。我在静嘉堂读到的还有此书之序目：绍兴丁卯岁除日幽兰居士孟元老序、幽兰居士东京梦华录目录。卷末有赵师侠序，淳熙丁未岁十月朔旦浚仪赵师侠介之书于坦庵。

《东京梦华录》一书，经各代收藏家动态的收藏，从各藏家印章的记录可知，最后被陆心源收藏，此书在流入异域前，陆氏留下《仪顾堂题跋》上也曾说：

幽兰居士东京梦华录十卷，元椠本。每页廿八行，行二十二字。前有绍兴丁卯自序。以张海鹏刊本校之，张本标

160

题无幽兰居士四字，自序孟元老上增东京二字，每卷增宋孟元老撰五字……此皆后人妄增妄改处，不如元本之善。卷中后有黄荛圃两跋，及士礼居荛圃过眼黄丕烈之印……

现把我在静嘉堂所阅《东京梦华录》刻本状况录其之下：

《幽兰居士东京梦华录》：十卷，宋孟元老撰，元刊，二册。

尺寸：34.0厘米×22.3厘米（蝴蝶装）。

序目：梦华录序；绍兴丁卯岁除日幽兰居士孟元老序；幽兰居士东京梦华录目录。

卷末：赵师侠序；淳熙丁未岁十月朔旦浚仪赵师侠介之书于坦庵。

版式：左右双边，22.7厘米×15.5厘米，有界，每半叶十四行，每行二十二字，版心线黑口，双黑鱼尾。

避讳："祖宗"二字空格，余字不避宋讳。

刻工姓名：吴明、姚宏。

藏书印有：顾氏、顾元庆印、吴郡顾元庆氏珍藏印、夷白斋、大有、黄丕烈印、荛圃、江夏、无双、士礼居、荛圃过眼、黄丕烈、徵印、镜汀、汪士钟印、阆源真赏、荆溪世家、诸氏丘夫、诸中之印、忠义传家、清湖居士、江南布衣、笔研精良人生一乐、易山草堂、归安陆树声所见金石书画记。

影印出版："静嘉堂秘笈"之三，静嘉堂文库编，1941年；岩波书店　1983年。

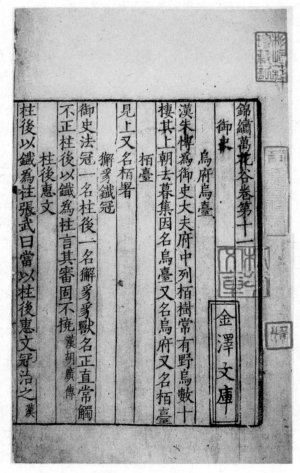

錦繡萬花谷卷第十一

御史

　烏府烏臺

漢朱博為御史大夫府中列栢樹常有野烏數十
棲其上朝去暮集因名烏臺又名烏府又名栢臺

　栢臺

　見上又名栢署

　獬豸鐵冠

御史法冠一名柱後一名獬豸豸獸名正直常觸
不正柱後以鐵為柱言其審固不撓　漢胡廣傳

　柱後惠文

柱後以鐵為注張武曰當以柱後惠文冠治之　漢

金澤文庫

宋刊本《锦绣万花谷》

《锦绣万花谷》

　　2012 年 6 月 4 日，江苏凤凰集团，在北京匡时春拍，以 2.162 亿元人民币竞得"过云楼"藏书《锦绣万花谷》一书，创下中国古籍善本拍卖的纪录。不久，该集团又与平安保险公司签下高达五亿元的"过云楼"藏书保单，创下中国艺术品单笔保单金额的纪录。尔后，作为"史上最贵古籍"之保存和继承，竟然使"过云楼藏书"一词，被国家语言资源监测与研究中心等机构，选入了联合发布的"2012 年春夏季中国报纸流行语"。这无不使人们对宋版书之珍稀的文化资源，具有深沉的历史敬重感。

　　然而，从这些信息中，人们在惊奇之余，也许要问，这部《锦绣万花谷》，究竟是一本什么样的书？何以能拍出如此高价？另外，藏有这本宋版书的"过云楼"是在何地？此书的来历如何，以及此书的内容等，均为人们瞩目。

　　可以说，许多宋版书讲的大都是历史上的重大事情，即便是《太平御览》《册府元龟》，这些属于"类书"层次的书，也是为当时便利宫廷皇室与上层知识者阅读的书。然而《锦绣万花谷》却是个例外。

　　这本取名为《锦绣万花谷》的书，是为了满足街里巷闾各色人士的读书需求，是市民阶层里的人（即现在的平民百姓）需要的书，一如满足生活在民间的"市井文化"读者阅读而编撰。

也许，正因为是一部供日常百姓案头翻阅的日用类书，与官方编纂的带有政治、历史的类书不同，犹如同时代的平话，以及稍后发展起来的话本、演义之类同一路的读物，因此，作者是谁至今不详。

《锦绣万花谷》展示了宋代的市井生活，可以看作是描写宋代社会文化的引子，具体表现在经济关系、社会关系、价值观念、民风民俗等方方面面。书中以词条类目的形式，为时人记录了古人生活常识，同时也记录了与宋人日常生活相关的知识，其内容更贴近于百姓对社会生活的理想。其特点，在于追寻宋代传统文化中，那些器物外化上的文化根源。

可以说，《锦绣万花谷》是南宋孝宗时期（1162—1189）一部记载民间日用通俗事物的百科全书。此书计有一百二十卷，分为《前集》四十卷，《后集》四十卷，《续集》四十卷。

通过此书作者自序，大致可以了解到，作者是一位深入民间、博学多才的知识者。也许是位未能于科举途上中举的人，可能有与《聊斋志异》的作者差不多的经历。

此书刊刻发行于宋淳熙十五年（1188）。《锦绣万花谷》除了文献中体现的由"物"到"象"外，同时还折射出了宋人的文化，且是一本当年民间的畅销读本。全书分类摘录古籍，《前集》分天道、天时、地道等二百四十二类，《后集》分人伦、娼妓等三百二十六类；《续集》分居处、香茶、姓氏等四十七类，其中姓氏从第十五卷至四十卷共达二十六卷之多；还有《别集》作为前三集的补充，分一百九十六类。每类首记事物，再附录诗文。

《锦绣万花谷》，引证前代古籍十分繁复。如谈到节令，从新年一开始的元日，一直到年末除夕，介绍源流、风俗、祭祀、诗文等，细致之极；记到人伦，在罗列父子、母子、兄弟、子孙、叔侄、夫妇的同时，也详细载录历史上著名的妓妾、美人的典故、诗文。二十六卷姓氏，详载每一个姓氏的名人小传及咏赞，供读者使用、参考。比如说，从"寺庙词条"可以查询到那时代佛教文化的发展；如交通外贸上，书中也有体现出南宋与外域文化的融合；还能从中看到文人雅物的儒士风格，以及对道、理学说的映射。

《锦绣万花谷》中，还列举了生活日用词条，反映宋代社会的一些面貌，既有文化层面的内涵，又有世俗生活的呈现。反映了这一时代的风俗民情、物质生活，把形而上的思想，用形而下的具体实物来反映，呈现出宋代这一阶段的社会横向群体的生活现象。它对社会的影响，主要表现在从人文情怀层面上的相互作用，从而反映了宋代于此阶段上的社会文化及艺术品位。

下面，谈谈《锦绣万花谷》出于"过云楼"的书事。

"过云楼"，是江南著名的顾氏藏书楼，距今已有近一百五十年历史，实为江南著名的私家藏书楼，位于苏州阊门内铁瓶巷，世有"江南收藏甲天下，过云楼收藏甲江南"之称。书楼始建于清同治十二年（1873），经数代相传，收藏了大量古籍书画，成为一座享誉海内外的著名藏书楼。其藏书，集宋元古椠、精写旧抄、明清佳刻、碑帖印谱八百余种。"过云楼"所藏众多的宋元旧椠，琳琅满目，令人叹为观止。尤其是大量的精抄、旧抄本，为一般藏家绝难比拟，其中大部分是出自名家，如汲古阁毛氏、池北书库王氏、小山堂赵氏、士礼居黄氏等。这些抄本，或影宋，或精抄，抄取的都是罕见秘籍，有些如今已沦为世间仅存之孤本。

顾氏家族通过几代人的集藏，以及广泛的人脉，收藏许多孤本善本，如宋刻本《字苑类编》《胡曾咏史诗》《续名臣碑传琬琰录》、抄本《本草元命包》《象象金针》《太白阴经》及吴骞抄并跋的《诗经泽书》等。

"过云楼"有大量的属于国内仅一两家图书馆见藏的稀见之本，如抄本《北征录》《南渡录》《今韵正义》《韩诗遗说》等。有宋杜大珪编纂的《皇朝名臣续编碑传琬琰集》，元刻书三部；及元胡一桂撰《周易启蒙翼传》、元黄瑞节附录《易学启蒙朱子成书》、元太监王公编《针灸资生经》七卷，均为罕见之物。当时清末四大藏书家之一陆心源，也向过云楼主借阅、研究、比较了这些稀见古本。

"过云楼"所藏的，宋代百科全书式的《锦绣万花谷》，在藏书界一直声名显赫。它不仅是传世孤本，也应是目前海内外公私所藏部头最大、最完整的宋版书。

一般说来，越早的刊本，文字的错讹会越少，保存下来的史籍也越准确。所以，这部宋刻《锦绣万花谷》，具有很高的文献研究价值。即使不考虑具体的研究利用问题，仅仅就其文物价值而言，确是难以估量的一部珍贵宋版书。范景中先生在 2012 年就专门谈论了《锦绣万花谷》的学术价值。

《新唐书·杨贵妃传》中有这么几句话："每十月，帝幸华清宫，五宅车骑皆从，家别为队，队一色，俄五家队合，烂若万花，川谷成锦绣。"这部类似于现在所说的工具书式的"百科全书"大类书，其书名来源，便出于此。此书，到了明代弘治年间，无锡华氏会通馆曾用铜活字排印，改作一百卷；嘉靖年间，又有安徽崇正书院、无锡秦氏绣石书堂刻本，恢复了一百二十卷，并增编《别集》三十卷，共计一百五十卷，可见它在明代，更受到大众的喜爱。《四库全书》也特意将此书收入其中。

《锦绣万花谷》在入藏"过云楼"之前，明清两代曾经过赵子善、周允元、季振宜、李兆洛等大藏家的先后收藏。特别是清初著名大藏书家季振宜，在他的《季沧苇书目》"类书"一门第二种，就记录道："《锦绣万花谷》前后二集八十卷（宋刻）。"

由此可见，这部书就是季振宜的藏书，而且当时就只存前、后两集八十卷。日本现藏有宋刻《锦绣万花谷》残本六种，多的不过五六卷，少的只有一两卷，其中静嘉堂文库所藏仅有两卷，从这些方面看，"过云楼"能收藏此书八十卷且首尾完整的宋刻本，其重要与珍贵程度，可想而知。

现我把在静嘉堂文库内所阅札记，录之如下，以供研究者参考品鉴：

《锦绣万花谷》：存二卷，这残卷是此书《前集》正文中二卷，即卷十一、卷十二，共二卷一册，南宋刊本。残存本。著者未详。

尺寸：（高）28.5厘米 ×（宽）17.3厘米。

版式：左右双边，19.4厘米×13.7厘米，有界，每半叶十二行，每行十九字，版心白口，单黑鱼尾。

藏书印：金泽文库、华外、新井文库、杉岖簇珍藏记、松方文库、岛田翰读书记等。

宋讳：桢、慎、徵、恒、殷等。

我在静嘉堂亲见并阅过的，虽只是几卷残卷，但从印记上，再对照由静嘉堂赠予我的《静嘉堂文库的典籍》一书上的记载，由此判定，《锦绣万花谷》于中世纪时代已经传入日本，当年由金泽文库收藏。之后，可能由于各种原因，由金泽文库流出，那些流出之书，又被分解到各地，同时也使金泽文库所流出的卷册，随时间而散佚了。

　　如现在日本静冈县万松山龙潭寺院中，也藏有《锦绣万花谷》，是此书《前集》中的第二十三、二十四、二十九、四十。凡三卷，另外《目录上》一卷，共有四卷残本在此寺院所藏，且卷中有"金泽文库"墨印印记，显然是和静嘉堂同样的版本。

　　静嘉堂的这部宋版书，是源于明治时代儒学大家竹添光鸿的旧藏。龙潭寺的藏本，却是来源于江户时代之"求古楼"所藏。

　　至今在日本收藏的宋刊本《锦绣万花谷》，除静嘉堂本与静冈的龙潭寺藏本为同源本外，另还有五种文本，都是这部书的零星残本。

　　此本被确定为"日本重要文化财"。

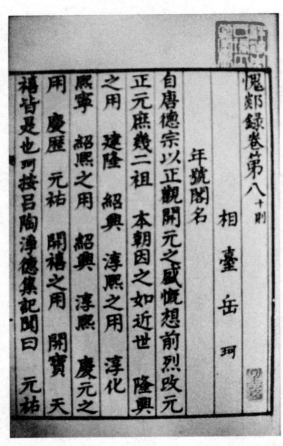

宋刊本《愧郯录》

《愧郯录》

　　《愧郯录》是一部考证笔记，共一百十七则。书名取自《左传》："郯子来朝，仲尼问官之事。言通知掌故，有愧古人也。"

　　作者岳珂（1183—1242），相州汤阴（今属河南）人。抗金名将岳飞之孙，岳霖之子，是岳飞后裔中名声较著的一位。历官户部侍郎、淮东总领制置使、宝谟阁学士。南宋著名学者，著述颇丰，著有《愧郯录》《棠湖诗稿》《宝真斋法书赞》《桯史》和《鄂国金佗粹编》等书。

　　此书，"大致考据典赡，于史家、礼家均为有裨，不可谓非中原文献之遗也"。《四库全书总目》称《愧郯录》是"于史家、礼家均为有裨焉"。著名藏书家周越然也评说："记宋代之制度，多为史志所未备者。"说明了此书于史料价值上的重要性。

　　《愧郯录》详细记载了宋代的职官制度、舆服制度、礼仪制度、宗室制度、科举制度、宗教史料、宋代的经济和科技，是宋代一部百科全书式的书。在此，我只略谈有关科技方面的一些记载。因一个社会科技的发展，最能看出一个社会制度的现实状况。

　　宋代科技发展较快，四大发明中印刷术、造纸术、火药、指南针，都在宋代得到巨大发展，并传播到国外。

《愧郯录》前引卷九《场屋编类之书》，就涉及印刷术，正是至宋代，印刷技术的革新，印刷业已有相当成就，推动了科举"时文"类书籍的大量印行。同时，宋代文化的发达，也促进了印刷业迅猛的发展。

如卷一三，《指南记里鼓车》，记述了"燕肃指南车和吴德仁指南车的结构"，此书，对燕肃指南车的内部构造、部件尺寸和制造方法，都有较详细的记载，为后人复原指南车提供了具体的文献依据。

在《愧郯录》卷五《五齐三酒》中，记载了宋代宫廷酿酒之法：

> 今醅酒，其齐冬以二十五日，春秋十五日，夏十日，拨醅瓮而浮蚁涌于面，今谓之拨醅。岂其所谓泛齐邪？接取拨醅，其下齐汁，与滓相将，今谓之醅芽。岂其所谓醴齐邪？既取醅芽，置儽其中，其齐葱白色入焉，今谓之带醅酒。……冬一月，春秋二十日，夏十日，醅色变而微赤……冬三十五日，春秋二十五日，外拨开醅面观之，上清下沉。

这说明了宋代酿酒业已发展到一个很高的水平。酒名亦有不同，如"朝廷因事而酿造者"称作"事酒"。"蹿岁成熟蒸酿者"称作"昔酒"。而"同天节上寿燕所供腊醅酒者"则称为"清酒"。对于各类酒都有详细记述。这便反映了当时人民的生活水平之高。估计日本的清酒，可能是从那时传过去的。

当然，《愧郯录》还保存有不少反映农业经济的资料。由卷一五《祖宗朝田米直》中说道，宋太宗前期，"米一斗十余钱，草一围八钱"；神宗熙宁年间（1068—1077），在苏州一带，"一贯钱典得一亩田，岁收米四五六斗"，"斗五十钱"；南宋宁宗嘉定七年（1214）时，"江乡田上，可收谷四石"。可见宋代粮食价格的演变和江南亩产的数据，在此书中有所反映。

我又想起张元济与周越然之间关于这部宋版书残页的书缘，真为这些真正的文化人感动。为此，张元济对周越然先生能助他完璧整部《愧郯录》，也非常感谢，并不无感慨地说：

> ……友人周君越然购得祁氏澹生堂抄本半部，余闻之，往假开卷。则此十叶者宛然具在！因多录之。请人依原书款式写补各叶，前后适相衔接。虽卷五之第九至十二叶仍有阙文，是本卷二"淳熙南衙"一则阙七字，卷四"鱼袋"一则阙八字，卷六"仙释异教之禁"一则共阙七字。祁本亦无可补，然大致要已具足。明清鼎革忠敏遭难，藏书散尽，世极罕见。阅三百年，于有人复印之时而是书忽出，且亡其半而有此十叶之半部独不亡，不可谓非异事矣。书此以识吾友假通之惠，并为是书庆幸焉。
>
> 民国纪元二十三年元月，海盐张元济

得书完璧，欣慰之情，跃然纸上。

言言斋主周越然，将此事也视为他一生藏书最欣慰的一件美事。八年以后的1942年9月2日，他在《古书一叶》中谈到此事，兴奋不已。他说：

> 宋岳珂《愧郯录》十五卷，吴县黄氏，常熟瞿氏，吴兴

陆氏，皆藏有宋本。黄陆二氏之书早已散去，在人间与否不可知。瞿氏之书尚为其后人所守。查菦圃藏书题识卷五，铁琴铜剑楼藏书目录卷十六，仪顾堂集卷二十，知三氏之书，行格相同（半叶九行，行十七字），而缺叶之数（共计十叶）亦复相合，是三书同出一源也。宋以后重雕之本，有明岳氏校刻本，学海类编本，鲍氏知不足斋丛书本。鲍氏之书，行格一遵末刊，校订精详，实为各书之冠，唯其缺叶与宋明清各本均同。岂世间竟无完本耶？民国十九年之春，余以重价购得此本于申江，即所谓祁氏淡生堂馀苑本也，有澹翁手跋，且有毛子晋、季沧苇、朱锡鬯等图记，系明人写本。惜只存首七卷，不得称为完璧。幸各本缺文均在此七卷，后来商务印书馆编印《四部丛刊续编》，即借以校补，亦一大快事也。

今日，我有此难得之机会，目睹这历来为读书人所珍爱的宋版《愧郯录》，展卷翻阅，赏心之余，不由得在心中想起张元济的这件逸事，从中可窥张元济先生之人格魅力。

在此，我把这书的大致札记，录之如下：

《愧郯录》：十五卷，宋岳珂撰，为宋嘉定年间（1208—1224）南宋刊本。其中有元修六册，卷中有明人修补。

尺寸：25.8 厘米 ×18.3 厘米。

序目：愧郯录序，相台岳珂，嘉定焉逢（甲），淹茂（戊）岁围如（1214），既望岳珂《自序》。卷末有后序，题"是岁后三月望岳珂"。

版式：左右双边（20.4 厘米 ×14.7 厘米），有界，每半叶九行，每行十七字，版心白口，单黑鱼尾。

宋讳：玄、弘、侦、微、让、竖、购等，书中语涉宋帝皆空一格。

刻工姓名：蒋荣祖、曹冠英、曹冠宗、王遇、王显、王宝、金滋、吴椿、吴彬、高文、朱春、蒋荣、沈昌、石昌、宋蓁、宋蒂、丁松、董澄、马祖、缪恭、李涓、李仁、刘昭、（元补刻）王傃、（刻年不详）丁良。

有关抄补应有三种：

据吴兴周氏言言斋藏淡生堂抄本补写（张菊生提供）。

抄补者姓名未详。

卷十第十五叶，系写补，有识文："此叶静嘉书库陆本原缺，谨以附赠，重其尚出旧抄也乞。察存。"

题跋：卷首副叶有识文"同治丙寅（1886）皋月华延年室主人持赠，桃华圣解庵主癸卯日识"。后有"桃华圣解庵主"朱文长印。

藏书印：延陵吴氏家藏（朱文长印）、沈辨之印（白文方印）、星诒（朱文小长方印）、朱卧庵考藏印（朱文长方印）、朱之赤鉴赏（朱文长印）、休宁千秋里人（白文方印）、屺思（朱文小楷印）、沣印（白文小方印）、世美堂印（朱文方印）、祥符周氏瑞瓜堂图书（白文方印）、白舫（朱文印）。并有臣陆树声、归安陆树声叔桐父等印记。

《愧郯录》作者，竟是抗金名将岳飞之孙，如考其由来，想来有一段可嘉的历史。周越然先生，作为一名藏书家、《英语模范读本》的著者，一生喜书、读书并大量藏书，遇到正于踏破铁鞋无觅处的张元济，都为一部宋版《愧郯录》的补阙殚精竭虑，可谓机缘巧合，然对于一位藏书家来说，又具必然性。

但世事难料，两年后，周越然的"言言斋"书楼，地处上海闸北，收藏有线装书三千余种，一百七十八箱，内中有宋元旧版、明清精抄，还有西文图书，约五千册，计十大橱，却在1932年日军燃起的"一·二八"战火中，包括他所贡献的《愧郯录》残卷，终付之于一炬。想起那部千年之书，真令人不堪回首，如梦感伤！

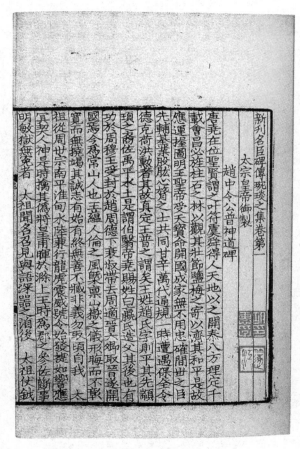

太宗皇帝御製

趙中令公普神道碑

唐堯在位聖賢謂之叶符慶舜得人天地以之開泰八方理定千
載會昌必旌柱石之林以觀其壯節鹽梅之寄以濟其和平是故
應運握圖明王聖帝受天寶命開國成家無不用忠確間世之日
先輔基業股肱心膂之士共同甘辛萬代通規時遭遇保全令
德克荷洪勳者其故真定王普之謂矣王姓趙氏字則平其先頴
項之裔佐禹平水土是謂伯翳帝堯賜姓曰嬴氏生父其後也有
功於周穆王受封於趙周德下衰迤帶去周適頁卿取晉遂開
國焉今為常山人也玉壘蘊人之風繁凜凜嵩嶽之儀形晦而不戰
寬而無撓竭其誠志有始有終無善不臧非義勿吸頃自我　太
祖從周世宗南平淮甸水陸兼行龍虎震威號令始發提如響應
其契人神是時擒其僑將皇甫暉於滁上王時為郡之參佐斷事
明敏獄無冤者　太祖聞名名見與語深器之洎後　太祖伏鉞

宋刊本《新刊名臣碑传琬琰之集》

《新刊名臣碑传琬琰之集》

　　《名臣碑传琬琰集》是南宋学者杜大珪编纂的一部碑传资料汇编。上集二十七卷，内容多为神道碑；中集五十五卷，多为志铭行状；下集二十五卷，大多为别传，收录了自北宋太祖建隆至南宋高宗绍兴年间的名臣碑刻传记。此书具有超出正史之外的内容，故不仅在中国古代文献学上占有重要地位，而且于编纂特点和史学价值上，对中国古代史学发展也具有重要意义。

　　过去的研究者大多从史料学的角度肯定其考史成就，而指摘其编纂体例。今天应该在前人认识的基础上，深入阐发此书的编纂特点和史学价值，进一步丰富中国史学史的内涵。

　　20 世纪 80 年代，我曾在省文联任刊物编辑，有机会在浙江图书馆阅到《新刊名臣碑传琬琰之集》，此书是宋刻元明递修本（上集十一、中集六至十二、二十九至三十六、下集一至六、二十至二十五配的是清代抄本）。四库底本，由俞樾题款，三十二册，框高 19.0 厘米，宽 13.5 厘米。半页十五行，行二十五字，左右双边，白口，双顺黑鱼尾。

　　此宋刻本的编纂者杜大珪，生卒年不详，眉州（今四川眉山）人，仕履不可考，自署"眉州进士"。书前有绍熙甲寅（宋光宗五年，1194）序，故大约宋光宗时在世时人。是书，为杜大珪搜集北宋建隆至南宋绍兴间诸家文集所载名臣碑铭、行状、国史、实录之传记，编辑而成，共一百〇七卷，所收二百二十一位名臣二百五十四篇传记。

此浙图宋版本，小方细字，行字不均，少量书页版心下有"何""丘""可"刻工名。避宋讳，讳字有墨围、缺笔、加注、改字等法。如"构"缺笔或注"太上皇帝御名"，"铉、垣、桓、慎、惇"有缺笔。但其间避讳不一，如"玄"或改"元"或不讳，"恒、洹"多处不讳，"慎"也有不讳，且多处有俗体字（如"国"作"囯"，"体"作"躰"，"学"作"孝"）。

浙江图书馆所藏的这本《新刊名臣碑传琬琰之集》是用黄竹纸印，纸张纤维较粗。其抄配二百三十二页，约占全书百分之二十八。抄配精致，用纸与印本较为相似的竹纸，因"丘""历"缺笔，当是清乾隆间配抄。书上钤"寿松堂书画记""寿松堂印"等印，知原本是杭州孙氏寿松堂的藏书。寿松堂为孙宗濂所创。孙宗濂，生卒年不详，字栗忱，号隐谷，仁和（今杭州）人。乾隆九年（1744）举人。孙宗濂的藏书许多来自清初杭州赵氏小山堂（赵氏与孙氏有姻亲关系），而小山堂藏书有一部分来自明末山阴祁氏澹生堂，以善本、精本知名于世。《新刊名臣碑传琬琰之集》进呈至翰林院后，经四库馆臣审核，成为用于修纂《四库全书》的本子，即作为抄写底本的书籍，后人把它称作四库底本。《四库全书总目·史·传记一》著录"《名臣碑传琬琰集》一百七卷，浙江孙仰曾家藏本"。

《四库全书》修纂完毕后，曾辗转为山阴杨鼎重远书楼收藏。"杨鼎""杨氏家藏""重远书楼"等印记在序末、目录等多处可见。杨鼎，字铭禹，号守白，又号器之，山阴（今绍兴）人。家中重远书楼藏书约四万卷。他曾以"辛勤十七载，书卷四万余。积之颇不易，爱惜逾璠玙"等诗句自况。

据资料记载，道光二十九年（1849），山阴沈氏鸣野山房藏书散出，善本精本大半归杨鼎所得。孙氏寿松堂藏书，在太平天国战争中遭到了严重破坏。战乱平息后，孙仰曾五世孙孙炳奎、六世孙孙峻先后积极搜访寿松堂散出之书。光绪二十一年（1895）岁末，有人兜售此本《新刊名臣碑传琬琰之集》，最后以五百金归于旧主孙家。

俞樾《春在堂诗编》记有："乙未（1895）岁除，有以书求售者，即《琬琰集》也，仁甫以洋钱五百买得之。"丁丙《孙氏归书图歌》有"由来宋椠已难得，何况先世之所储……时也乙未岁将徂，喜君书田稔不芜"之句。

而丁立中《先考松生府君（丁丙）年谱·光绪二十年》却记："十二月，得宋《名臣琬琰集》，归之寿松堂孙氏。今有以是书求售者，府君购而归之孙仁甫丈，俾世守焉。"且不论孙炳奎自购，还是丁丙购得送孙家，关键是在光绪二十一年，此宋刻《新刊名臣碑传琬琰之集》又回到了旧主孙炳奎手上，算是物归旧主。孙炳奎因高兴重得《名臣碑传琬琰集》，将十六册原书衬纸金镶玉重装订成三十二册，用洒金蓝纸作封面，并请杭州书画家陈蓝洲绘《岁暮归书图》。此图先后经丁丙、丁立诚、俞樾、吴士鉴、吴庆坻、谭献、张宗祥等名流题咏。俞樾是在光绪二十二年（1896）观书后作了题咏，此书的序末还留有"光绪丙申（1896）曲园俞樾观于右台山馆并记"一行及朱文葫芦形"曲园"印。

聚书不易守书更难。1913 年夏，在反袁"二次革命"中，杭城乱，孙炳奎、孙峻父子俩先后苦心经营四十载的"后寿松堂藏书"有许多被当地流氓焚毁。所幸的是宋刻《新刊名臣碑传琬琰之集》因事先被携藏上海寓所而未遭难。然珍贵秘籍始终不能世守，1932 年 11 月，孙峻将此书以三千元售让给浙江图书馆，并以家藏淳化阁帖石刻八十一块相赠。

宋刻《新刊名臣碑传琬琰之集》三十二册归藏浙江图书馆后，一直得到妥善保管，并多次向公众开放展示。在抗日战争中，其曾随浙江图书馆的其他善本书先后迁藏龙泉、庆元避难，庆幸并感谢当年孙峻先生坚持售卖于公藏单位的决定，让我们现在能一睹寿松堂旧藏宋本之风采。

金毓黻说："裒录碑传以为一编，莫先于宋杜大珪之《名臣碑传琬琰集》。元人苏天爵继之以作《名臣事略》。明人焦竑之《献征录》，亦其伦类。清代则裒录亦多。嘉定钱氏经始于前，江阴缪氏嗣响于后，以成正、续《碑传集》。李氏《耆献类征》，亦用此体。近人闵尔昌又辑《碑传集补》。皆以清代为断。闻番禺汪兆镛亦续《碑传集》，未及付梓。闵氏辑《碑传征遗》，存稿待刊。又仪征阮氏曾纂《清碑版录》，未闻行世，殆见缪《集》而辍。若斯之类，盖更仆而难数也。"

到了中华人民共和国时期，苏州大学钱仲联教授辑成《广清碑传集》，南京大学由卞孝萱、唐文权编辑《辛亥人物碑传集》与《民国人物碑传集》。历经五百余年，集录碑传事业，可谓递相祖述，屡有纂辑，使得这类著述，蔚然系列，成为我国史学园地中的奇葩。乡前辈、近代史学家章开沅先生曾特为卞孝萱、唐文权编《辛亥人物碑传集》撰写了《序言》(见凤凰出版社，2011

年版）。

杜大珪"顾石本不尽拓摹，文集又皆散见，互考为难"，于是辑为《名臣碑传琬琰集》。此书作者在其《琬琰集序》曾说道："集'神道志铭、家传之著者为一编'即汇集整篇之文成一编，而非节录文字。"

朱熹《言行录》载录史料的体例是"采掇"，而杜氏《琬琰集》是"尽录全篇"，如此两种方法，形成了两种不同的著述体例。这决定于作者之所得资料，以及写作方法上的不同。当然，这也由作者的社会地位与资料来源所定。

有文章认为，此书是一部伪书，即后人抽取南宋李幼武《宋名臣言行录别集》之一部分，将其著者名、书名，置换为杜大珪《皇朝名臣续碑传瑰琰录》而充作杜氏之作。

从各方面所考，这种说法是不太可能的。因集录碑传，是一件历时长久、十分艰辛的基础工作。一般来说，碑传集的搜集整理者，或是史官，或是曾经参与史馆工作，或从事史学撰述的学者，抑或近现代的文史专家，本身大都"是有名的学者，交游很广，向人征求碑传，有靳而不予者"，直至成书，历时较长；经"数十年如一日，惨淡经营，殊非易事"，这是其一。而从我于静嘉堂文库亲阅此书，文库把此书列入"史部"类。如若是一部"伪书"，是不可能进入世界宋版书保存最多的文库，这是其二。另外，杜大珪《名臣碑传琬琰集》，可以说，作为草创时期的碑传集类著作，作者主要以辑录文献资料为着眼点，他用"随得随编，不拘于体制。要其梗概，则上集记名臣墓碑，中集记志铭、行状，下集别传为多"，且杜大珪《名臣碑传琬琰集》，与两宋流行的名臣言行录，存在某种关系，或者说该书脱胎于言行录，只是在体例上另辟蹊径，以有别于言行录。即有别于一如朱熹的《八朝名臣言行录》、李幼武的《宋名臣言行录别集》著等作。他不是那种"先列某人生平小传，后编列节录行状、墓志、笔记、野史等史料，以示其言行节谊"。

作者杜大珪，只是通过这些碑传，考见北宋建隆至南宋绍兴那段长达近二百年中，政治、经济、军事、教育、文化、风俗等社会历史多方面的内容。具有重要的学术价值和史料价值，也可窥察在那段历史长河中名臣们的所作所为。

《新刊名臣碑传琬琰之集》于国图、浙图、上博、中国台北、美国哈佛、燕京等，均有所藏。但至宋代，书业发展很快，有官刊、坊刻，各地方刻书的不同，故存在于版式、印记、避讳、讹误等，由此存在一些争议，这也是版本学上很正常的事。

现我把浙图所藏此书，与我亲阅静嘉堂之藏本的不同，稍作比较：

> 浙图的《新刊名臣碑传琬琰之集》：是书，三十二册，框高 19.0 厘米，宽 13.5 厘米。半页十五行，行二十五字，左右双边，白口，双顺黑鱼尾。版心下有何、丘、可刻工名。避宋讳，讳字铉、垣、桓、慎、惇缺笔。但其间避讳不一，如"玄"或改"元"或不讳，"恒、洹"多处不讳，"慎"也有不讳，且多处有俗体字（如"国"作"囯"，"体"作"躰"，"学"作"斈"）。

> 我亲阅静嘉堂的计有二十册。框高 27.2 厘米，书宽 17.5 厘米，左右双边（18.6 厘米×12.9 厘米），宋讳是桓、构、敦、慎等，在语涉宋朝上空格。（因此书记录了近四百年之

久，朝代国号、帝王年号名也换了很多，只能在涉及这些问题上，做空格处理。）刻工姓名，有可、何、立等。

浙图上的"丘"字是个错字。但主要问题是，这两本宋刊的《新刊名臣碑传琬琰之集》，在框高和书宽上相差太大，静嘉堂的此书要高出 8.2 厘米，书宽上要差 4 厘米。这便要考证是哪个版本的问题了。

现我把在静嘉堂此书阅后札记，录之以下，以供宋版书研究者参考：

《新刊名臣碑传琬琰之集》：前集二七卷，中集五五卷，下集二五卷。宋杜大珪编，南宋末刊，二十册。

尺寸：27.2 厘米 ×17.5 厘米。

序目：（自序）绍熙甲寅暮春之初谨书。新刊名臣碑传琬琰之集目录上，眉州进士杜大珪编。辑录了北宋至南宋名臣的墓碑、墓志、行状。

版式：左右双边（18.6 厘米 ×12.9 厘米），有界，每半叶十五行，每行二十五字，版心白口，双黑鱼尾。

宋讳：桓、构、敦、慎等，语涉宋朝上空格。

刻工姓名：可、何、立等。

抄补：卷一一等。

藏书印：胡惠孚印、篯江、当湖胡篯江珍藏、臣陆树声归安陆树声藏书之记、归安陆树声叔桐父印、归安陆树声所见金石书画记。

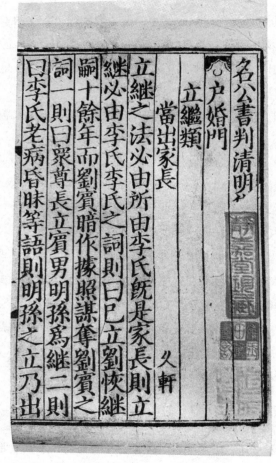

名公書判清明集

戶婚門

立繼類

當出家長

久軒

立繼之法必由所由李氏既是家長則立
繼必由李氏李氏之詞則曰已立劉恢繼
嗣十餘年而劉賓暗作據照謀奪劉賓之
詞一則曰眾尊長立賓男明孫爲繼二則
曰李氏老病昏昧等語則明孫之立乃出

宋刊本《名公书判清明集》

186

《名公书判清明集》

　　《名公书判清明集》，南宋无名氏撰，简称《清明集》，是一部对于我国古代法律制度，特别是宋代法律制度非常宝贵的史籍。此书也是一部宋代诉讼判决书和官府公文分类汇编。据此书，可证在宋代社会经济繁荣的背景下，宋朝律法形成了发达的书证体系。此集编印者，虽没有署名，但题有幔亭曾孙的别号。

　　《名公书判清明集》内容相当丰富，于政治、经济、文化、法律等领域都有涉及。全书体例，以门为其大目，"门"下再分"类"，再立子目，记录了各类民事刑事案例。

　　此书据说存有十四册。但我在静嘉堂阅到的《名公书判清明集》，却只存有宋刊残本八册。约有二百一十二页。依残存引文，此书刊于南宋理宗景定二年（1261）期间。从书名残页上可见诸多"名公"们的大家，如有朱熹、真德秀等的诉讼与判语，分门别类地记其案情原委，录下判词。此宋刊本，各家书目皆未著录，唯《钱竹汀日记》曾记及之。

　　静嘉堂残本《清明集》中，有涉《户婚门》，约几万字。其有"当出家长"一案，记录了一李姓家族，涉立继嗣的诉讼判案。判词是"李氏既是家长，则立继必由李氏"。李氏家族认为：

"已立刘恢绾嗣十余年，而刘宾暗作据照谋夺。"刘宾辨词：一则曰"众尊长立宾男明孙为继"；二则曰"李氏老病昏昧"。这是宋代家族立嗣的案子，从中可窥宋代对家族立继嗣之类的法案。

从这种家族类民事案，可佐证"中国传统法律，到了宋朝，才发展到最高峰"。对此，日本学者仁井田陞，将《清明集》称为"霄壤无二、天下孤本的稀见之书"，并说："时至今日，除静嘉堂文库所藏宋本之外，我也没有听说过有其他版本。"

今日，我们读这部书，从"赋役"各篇可知，南宋政府在正税之外，立有各种额外的税收。并有所谓"义米""预借"，还有"重复抑勒"。就算此书中"文事门"篇幅最少，但关于学校士子承佃职田，学官私受民田，豪户侵占书院田，以及科举中作弊情形等判语，至今到了21世纪尚有考试作弊发生，故此书虽已逝了千年，尚有一定的史料价值。

此书中有判词作者中的四十九人，事迹可考者有十九人。如胡颖、蔡杭、翁甫、吴势卿、刘克庄、范应铃、吴革、方岳、宋慈、真德秀、马光祖、王遂、姚珤、李昴英、叶武子、赵汝腾、王伯大、史弥坚、方大琮等。

胡颖，字叔献，号石璧。生卒年不详，卒于咸淳年间。潭州人。本集中以胡氏书判最多，共七十五篇。胡氏于绍定五年（1232）登进士第，历官知平江府兼浙西提点刑狱，移湖南兼提举常平，为广东经略安抚使，移节广西，后迁京湖总领财赋。胡氏长于书判，且临政善断，不畏强御。集中书判，其在湖南任上所写。

蔡杭，字仲节，号久轩，建阳人。《清明集》有其书判七十二篇。其生卒年不详。绍定二年（1229）进士，官至参知政事。

吴势卿，字安道，号雨严，建安人。淳祐元年进士，官至浙西转运使，集中收其书判二十五篇。

翁甫，字景山，号浩堂，宝庆二年（1226）进士，累官江西转运使、太府少卿。书判入选者二十八篇。另，刘克庄为著名文学家，真德秀为著名哲学家。朱熹是宋代大儒，著名的理学家、思想家、哲学家，官拜焕章阁侍制兼侍讲，为宋宁宗皇帝讲学者。

此书中所载判词，大部分来源于宋代司法官员的真实裁判，能够较为真实地反映当时的裁判法理。"法理"一词，在《宋代判牍案例》多次出现，这是宋代法学日益成熟的重要体现。

《名公书判清明集》其书判，都反映了当时社会生活中确实发生的具体事实，而不像唐、北宋书判那样是虚拟的、假设的。判案事实，一般由两方面组成，即诉讼双方的诉词和官府的查证。

《名公书判清明集》中，让我们看到，其每一书判，都援引判决的准则，即有关法律条文。南宋法典《庆元条法事类》，现存的是一残本，正缺"户婚门类"，这部《清明集》，正可补其不足。

书中每一书判，都载明官府如何根据已查证的事实，援引法律，做出判决。值得注意的是，在实际运用法律做出判决时，往往不是简单照搬条文，而是要考虑其他因素，实际判决一般从轻。

《清明集》现存两种版本，即宋残本与明刻本。宋本过去国内能看到的是上海中华学艺社和商务印书馆影印涵芬楼本（后者收入《续古逸丛书》中）。这两个本子，印数不多，且同出一源，都是影印日本静嘉堂所藏宋残本。

20 世纪 60 年代日本古典研究会出版了新的影印本，也是以这个宋残本为底本，只是再加上从中华书局版《永乐大典》中辑出的三条佚文。

　　除宋刻本外，最近在北京图书馆和上海图书馆发现了明刻本。上图本还有"言言斋善本图书"藏书印。北图所藏的是残本，只有前十卷；上图所藏的是足本，共十四卷，为隆庆盛时选刻本。前有张四维隆庆己巳年（1569）序言，讲述本书来源："曩余校《永乐大典》，于'清'字编，见有《清明集》二卷者，皆宋以来名公书判……迨后校'判'字编，则见所谓《清明集》者，篇帙穰浩，不止前所录，而前所录者亦在其中。"

　　《名公书判清明集》收录的不仅有实判，还有申儆性文告，对官员特别是司法官员的素质做了要求。如真德秀所作《咨目呈两通判及职曹官》，要求属官，行"四事"，去"十害"。

　　"四事"即"律己以廉""抚民以仁""存心以公""莅事以勤"，"十害"即"断狱不公""听讼不审""淹延囚系""残酷用刑""泛滥追呼""招引告讦""重叠催税""科罚取财""纵吏下乡""低价买物"。这已成为司法官员的职业基本准则。至宋代法理，它既存在于静态的法典之中，亦存在于动态的司法裁判之中。从中也可看出司法到了宋代的发展水平。

　　此外，从《清明集》所记载的宋代判牍案例，我们还可以发现蔡久轩、真德秀等南宋诸"名公"的判词中，不仅依据《宋刑统》等法律去解决一个个具体的案件和纠纷，还阐释裁判背后的法理。读《名公书判清明集》，可窥宋朝的证据制度之健全，其中最具特色的，当属当时的检验鉴定制度，其被视为两宋证据制度中的最独特制度。结合现有史料进行分析，包括《名公书判清明集》《洗冤集录》等都为其提供了可借鉴的依据，指明该制度具有比较系统且正规的制度规范，加之其他方面的优越性，不失为中国证据制度史上具有开创性意义的证据制度。

著名藏书家郑振铎在《售书记》中评说，他"曾与一部明刊蓝印本《清明集》擦肩而过，而后悔不已"，这位大藏书家的肺腑之言，让人体会到这部书是何等难得。这无不说明历史发展至宋代，其法学思想，已经为中国乃或世界人类闪烁着法制与社会的光芒。

现把我在静嘉堂的阅此书的札记，录之如下，供法学工作者、版本目录学家参考：

《名公书判清明集》：宋刊本，八册，残本二百一十二页，不分卷，不著编辑者姓氏。

尺寸：25.8 厘米×15.5 厘米。

卷首：有景定岁酉日长至幔亭口孙引；名公书判清明集析类；清明集名氏。

版式：四周双边（19.0 厘米×11.8 厘米），有界，每半叶九行，每行十六字。版心线黑口，双黑鱼尾。

藏书印：朱彝尊印、二酉斋、马玉堂印、笏斋、翰墨奇缘人、浦伯子、浦祺之印、浦扬烈印、浦玉田藏书记、留与轩浦氏珍藏、家在丰西翠露中、洽氏考藏印、泰峰见过、归安陆树声叔桐父印、归安陆树声藏书之记。

此宋刊宋印本，各家书目皆未著录，唯竹汀日记曾及之。

此书有《仪顾堂续跋》，现录之如下：

名公书判清明集。前有景定辛酉日长至幔亭□孙引，只存末叶，似即幔亭所编也。今存户婚一门。分二十二类……计二百三十六叶，不分卷。每叶十八行，每行十六字。前有各家名氏。四库未收。各家书目皆未著录。所收陈抑斋、徐意一、王留耕、蔡久轩、史沧州、范西堂、章翼之、马裕斋、宋自牧、吴雨岩、翁丹山、王去非、胡石壁、翁浩堂、陈庐山、刘桃庵、姚立斋、叶息庵，诸人著述。今皆不传。藉是可见涯略。有浦玉田藏书记白朱文方印、留与轩浦氏珍藏朱文方印、二酉斋朱文长印。

此本由日本文化财审议委员会确定为"重要文化财"。

《名公书判清明集》影印出版："续古逸丛书"（之三七）1935 年　商务印书馆。

碑记：上海涵芬楼景印中华学艺社借照东京岩崎氏静嘉堂文库藏本。另有《（日本）古典研究会编刊》昭和三十九年（1964）。

附：宋版古印赏美

尔雅跣

何氏藏书（白）

崆峒化城（白）

□安校勘秘籍（朱）

存斋四十五岁小像
（戊寅二月梅石并刊）（朱）

嘉兴新丰乡人
唐翰题收藏印（白）

海翁襄（朱）

归安陆树声
叔桐父印（白）

周禮注

宋本（朱）

百宋一廛（白）

汪士钟印（白）

阆源真赏（朱）

黄丕烈印（白）·复翁（白）

存斋四十五岁小像
（戊寅二月梅石并刊）（朱）

漢書

赵宋本

汪士钟印

藝芸主人

南華眞經注疏

向黃邨珍藏印（白）

松方文庫（朱）

島田翰读书记（白）

三國志

百宋一廛（朱）

汪士钟印（白）·阆源真赏（朱）

丕烈（朱）·荛夫（朱）

郁松年印（白）·泰峰（朱）

外臺祕要方

存斋四十五岁小像
（戊寅二月梅石并刊）（朱）

当湖小重山馆胡氏篯江珍藏（朱）

浙右项笃寿子长藏书（朱）

198

有竹居（朱）

百宋一廛（白）

□浦（朱）

黄丕烈印（白）·复翁（白）

藏书（朱）

仲大父（朱）

赏奇阁阅（朱）

李太白文集

十万卷楼（朱）

陆心源印（朱）

存斋读过（朱）

廷相（白）·伯卿甫（朱）

三十五峰园主人（朱）

汪文琛印（白）

士钟（白）·阆源父（朱）

王杲私印（白）

宋本（朱）

袁氏與之（白）

丕烈（朱）·荛夫（朱）

王彦淳印（白）

钱应庚印（白）

200

归安陆树声叔桐父印（白）

茉升藏本（白）

知不足斋主人所贻（白）

张燕昌印（白）

昌黎先生集

景阳主人（白）

四麾仁季父印（朱）

白氏六帖事類集

文渊阁印（朱）

臣筠（朱）

三晋提刑（朱）

太平御览

文渊阁印（朱）

吴云平斋曾读过（白）

汪士钟藏（白）

黄丕烈印（白）·复翁（白）

南州高士东凌豪家（白）

归安陆树声藏书之记（朱）

士礼居藏（白）

唐百家詩選

子晋（朱）

汲古主人（朱）

池湾沈氏（白）

北山草堂珍藏（朱）

汪士钟曾读（朱）

杨灏之印（白）·继梁（朱）

静嘉堂珍藏（朱）

唐書

季振宜藏书（朱）

当湖小重山馆胡氏篆江珍藏（朱）

毗陵左氏（朱）

志宛斋藏书（朱）

高氏邻酉阁藏书印（朱）

三蘇先生文粹

月宵（白）

宋刊奇书（朱）

虞山张蓉镜鉴藏（朱）

韩世能印（白）

张金吾藏（白）

□□（非汉字印）

田居放叟曾观（朱）

湔彰观绕傳章（朱）

小琅嬛福地（白）

皇朝編年綱目備要

静嘉堂珍藏（朱）

严蔚（白）

汪士钟藏（白）

金壶記

宋本（朱）

静嘉堂珍藏（朱）

季振宜印（朱）·沧苇（朱）

汉唐斋（白）

翰墨奇缘（白）

钱受之（朱）·牧翁（朱）

乾学（朱）·徐健庵（白）

孙氏志周（朱）

笏斋（朱）·马玉堂（白）

211

支允坚印（白）·梅坡父（朱）

冉口（朱）

支允坚印（朱）

季振宜字诜兮号沧苇（朱）

歷代故事

幽蘭居士東京夢華錄

静嘉堂珍藏（朱）

荆湻世家（白倒）

顾元庆印（白）

诸氏丘夫（白）

忠义传家（朱）

杉峒簃珍藏记（朱）

静嘉堂珍藏（朱）

松方文库（朱）

华外（朱）

錦繡萬花谷

祥符周氏瑞瓜堂图书（白）

星诒（朱）

新刊名臣碑傳琬琰之集

胡惠孚印（白）

籇江（朱）

名公書判清明集

静嘉堂珍藏（朱）

浦玉田藏书记（兼）

范氏收藏印（白）

跋：中国宋版书与文化思考

——在静嘉堂阅读珍稀宋版有感

一

宋版书的兴起和繁荣，是中国历史长河中一个时代文化传承的一个特殊现象。当然若作一番追踪，我国唐代末期，便有了雕版印刷的图书，但相对比较粗糙。据目前考证，敦煌千佛洞中，唐代咸通九年（公元868年）刻印出的《金刚经》佛典，是目前世界上有记载的雕版印品；它是刻在整块木板上的版画。从文化视角看，这与印度佛教的传入东土，有一定的关联。

至宋代，由于经济的发展，随着宫廷及上流社会对文化的重视和需要，反映了"郁郁乎文哉"重文时代的到来。其文化精神，也达到了"君汲汲于道艺，辅治之臣，莫不以经术为先务，学士缙绅先生，谈道德性命之学，不绝于口"的境地。

从上层到民间都沉浸于这样的一个经济、政治、文化的大环境中，对图书的需求量，突飞猛进，同时，与之配合的刻书业，有机会得以发展。

雕版印刷术的提高，也加快了图书印刷的速度，使古代印刷书籍，无论在数量、质量上，都达到了一个崭新的高潮。一如杨东莼先生所说，当经济发生转变，生活方式同时会转变，其文化精神与适应社会的需求也发生变化。宋代雕版刻书业之兴盛，总的是离不开经济基础的发展。(《中国文化史大纲》，江苏文艺2011年版)

宋代崇文风气之盛，与历代相比，可谓空前绝后。特别在一些经济发达区域，如浙江的杭州、湖州，福建的建阳，四川的眉山等。故朱熹曾说："建阳版本书籍，行四方者，无远不至。"凡文化发达的地方，大都成了刻书的中心。

当时，公私刻书业，有监司、州学、书院、家塾、坊肆等，范围广泛，富有特色。由于互相竞争，使各种类型的宋版图书，都有印刷精美、装饰考究、内容丰富、流传甚广的特点。如若用现代话说，在中国历代图书排行榜上，可谓名列第一。

整个宋代，从北宋至南宋，长达三百多年统治时间。北宋时，最大的城市汴京，经济繁荣，城市人口已逾百万，号称"八方争凑，万国咸通"；比"汉唐京邑，民庶十倍"。这从一幅《清明上河图》，即可看到城内的民生之景象——"彩楼相对，绣旗相招，掩翳天日""举目则皆青楼画阁，绣户珠帘，雕车竞驻于天街，宝马争驰于御路，金翠耀目，罗绮飘香。"而号称"东南形胜，三吴都会"的杭州，也同样是"烟柳画桥，风帘翠幕"，"市列珠玑，户盈罗绮、竞相豪奢"。

赵宋政权南迁后，无论建康，或杭州，虽行政区域已减少，但其繁荣景象，依然呈现"视京师其过十倍"，一派风光。此外，各地的中小城镇，纷然兴起，建康"罗绮一城，富六朝之风物；弦歌千里，绵百世之衣冠"、汉阳一地"沿江数万家、广用甚胜，列肆如节"。扬州、鄂州、成都等，也都是兴盛一时之地。当你有机会阅读宋版书，如《东京梦华录》《都城纪胜》《西湖老人繁胜录》《梦梁录》《武林旧事》，展现在你的眼前，均可有繁华美景，可让你不舍与感叹。

最近由江苏凤凰出版集团，以 2.162 亿元人民币，竞得"过云楼"一部宋版《锦绣万花谷》，创下中国古籍善本拍卖的最高纪录。而此书正是由南宋杭州刻印的，其反映宋代社会民众的生活面貌，既有文化层面的内涵，又有世俗生活的呈现。反映了这一时代的风俗民情、物质生活，把形而上的思想，用形而下的具体日常来反映，呈现出宋代社会群体的"日常便是道"的生活现象。美术史家、中国美院教授范景中，特戴上白手套，轻轻翻动书页，颇为感慨地说："在这部《锦绣万花谷》中，作者引经据典，引用了包括《庄子》在内多部书籍的内容。有很多被借鉴的书，如今已经散佚良久，只剩残页。"《梦溪笔谈》被作者引用了很多次，其中有十三条，是现在《梦溪笔谈》中看不到的。"范景中还说，"在这部类书中，我们还可以对古人的宇宙观和知识结构，有所窥探。"

这些繁华的城市，也是图书的荟萃之地，同时成了宋朝各地的文化中心。大大小小的城镇行政区域内，除政府兴办的文化机构外，还有文人社团，如《都城纪胜》所记，"西湖诗社"，"乃行都士大夫及寓居诗人，旧多出名士"，成了人民生活的一种文化现象。城市文化中心的形成，为宋代刻书业的发展，从北宋延续之文化传承，创造了有利条件。图籍的生产和流通，在浓厚文化风气下，宋人对图书似乎生发出一种神圣而虔诚的感情。

惜两宋以后，由于战乱兵燹，水火天灾，没有能使其继承与发展，而逐渐地使宋版书籍的保存量遂随年月而减少，以致使求藏者，来之不易，求之不得。

至明代时，学者王世贞，喜藏书，其书楼名为"九友斋"，专用以收藏宋版、善本书。他为求一部宋刻的《两汉书》，竟只能出高代价，拿出一个大花园而方能换得这一部宋版书。明末崇祯年间，著名的藏书家毛晋，曾在门前挂出了一个搜求宋版书的启事，上书："有以宋叶本（宋版本）至者，门内主人计叶（两页为一叶）酬钱，每叶出三百（钱）。"从这便可窥宋版书，从宋至明，已流传不多，藏书家已将其作为罕见的文物来收藏了。

然而，到了元、明、清的时代，再也制作不了具有学术丰富、思想广博、艺术精致的具有"大美精神"的宋版书了。而到了清末，朝廷衰弱，大量宋版书，也只能随船而去，旧藏别来无恙了！

二

我们说，对于一个国家，当有优秀的图书出现在市场，各类大小的藏书家，便也会应运而生。甚或可以说，一个国家，一个民族的历史，便是一部图书的收藏史。中华民族自周朝起，我国古代就设有专藏典籍的官职。春秋战国时期，已有私家藏书出现，历经数朝，我国的私家藏书，在清朝达到鼎盛时期，那时，著名藏书家约达二千零八十二人。其中，常熟瞿氏铁琴铜剑楼、聊城杨氏海源阁、杭州丁氏八千卷楼、归安陆氏皕宋楼，并称"晚清四大藏书楼"。当然天一阁藏书楼，至今还是代代相传。故曾有诗云："琴剑飘零皕宋空，八千卷散海源同；峥嵘一阁留天壤，文献东南此大宗。"

晚清的四大藏书家，在近代藏书史上，虽各有自己的特色，但相比较而言，陆心源的藏书历程，由于正好遇上时代的更迭，又伴随着时代特征与学术研究，那种双向性特色，格外突显。其主要表现在藏书来源、藏书过程、藏书散失原因等内容上。

陆心源（1834—1894），字刚父，号存斋，晚号潜园老人。归安（今湖州）人。年轻时喜好读书，资质过人。为官期间，正值太平天国运动和第二次鸦片战争，社会极度动乱，江南许多私家藏书纷纷散出，陆心源既颇有资财，又博学嗜书，于是大量购进秘籍善本。乾隆年间，著名藏书家黄丕烈，将自己的藏书处取名为"百宋一廛"，向世人夸耀自己藏有百部宋版书。陆心源效仿此意，将自己的藏书处，名为"皕宋楼"，意谓内藏宋刻本二百种之多。他所建之藏书楼，除"皕宋楼"之外，还建有"十万卷楼"和"守先阁"。守先阁用以存藏寻常之普通书籍。陆心源信奉"守先别储，读者不禁"，将守先阁对外开放，其中的藏书，可任供来者人观览，这在当年也是私家书楼的一个创新之举，确是十分难能可贵的。

由于陆心源好读书，以及有爱书、藏书的习惯，为他日后的藏书事业奠定了一定的基础。出仕为官后，陆心源仍然致力于藏书事业，李宗莲在《皕宋楼藏书志序》中曾说到陆心源"志欲尽读天下书，偶见异书，倾囊必购"。此时正值太平天国运动和鸦片战争时期，也是中国处于社会大变局时代。据《湖州府志》载："庚辛之际遭兵燹，而故家遗籍荡然无存。而归安陆氏购书甚勤，不数年积至五六万卷。"由于战乱，许多江南藏书家纷纷散出自己的藏书，其中有不少古籍珍本，而藏书家见时势日下，售书心切，因此价格较为低廉，而陆心源资财雄厚，正得天时、地理、形格之机，购得许多古籍珍本。此时机下，他还购得本志周围一些藏书家散出之书，如归安杨秋室、山阴周星诒书抄阁、归安韩子蘧、江都范荃、苕溪严氏芳淑堂、乌程刘桐眠情山馆、吴县周谢庵、德清许周生的藏书，共得书十五万卷，奠定了陆氏藏书之基础，故"皕宋楼"后期藏书则主要来源于陆心源个人著述、刊刻、编撰丛书，以及他从事地方文献，汇成《潜园总集》，总共九百四十余卷。

陆心源收藏的古籍，以宋元善本为其重点，他对古籍的研究和在这基础上的著述也特别丰富，既是晚清时期的大收藏家，又是一位具有文化思考的学者。于他身上无不体现了我国私家藏书的学术性地位。这从他研究和撰写的一系列著作可得以佐证。在他写下的《仪顾堂题跋》《群书校补》中，可见其对古籍的校雠能力；在《皕宋楼藏书志》《续志》《千甓亭古砖图录》中，表现出了他的艺术鉴赏能力；在《唐文拾遗》《宋诗纪事补遗》中，显示出他的文献辑存能力；充分表明"考订，校勘、收藏，赏监四家，陆氏可谓兼而有之"。

南开大学来新夏教授，曾赴日本讲学，由日本学者高桥智先生陪同，访问了静嘉堂文库，受到增田晴美主任的热情接待，参观了书库，翻阅了皕宋楼旧藏。来新夏先生在论述我国藏书文化时曾指出，明清两代不少藏书家逐渐树立起来的外借流通观念，陆心源能把"守先阁"中收藏的图书，对外开放，让大众阅读，体现了他早具有的浓郁的人文主义精神。潘美月也曾在《陆心源及其在目录版本学上的贡献》一文中说道："他不是专门搜采异本的收藏家，也不是独嗜宋刻的鉴赏家，而是一位在版本目录学等多个领域都有重大贡献的学问家。这在中国历代藏书家中，不可多得且是十分罕见的一位。"

三

我们不难发现私人藏书、藏书家以及藏书楼的产生，是特定社会制度、历史文化为背景的产物。而古代私人藏书楼的兴衰，大都取决于家族产业的兴衰，及其后继子孙对藏书的珍爱程度；当然也难以逃脱因家族产业衰败或子孙经营不善，从而被迫售书，以解困局的命运。这是中国古代家族式藏书，难以长久流传、继承的终极原因。在这方面我们从近代陆氏家族私家藏书从兴衰到流入域外，可作为一个案例观察，对文化传承和思考进行一番研究，是很有必要的。因这也是近一二百年来，引起国人非常关注的文化大事。

对于这事的最真实的记录者，应是我曾数次亲自面聆陆心源之玄外孙徐桢基（一位很有文化功底的老工程师）。多次听他讲到此事，且在我曾往东京静嘉堂文库阅读宋版书前，还亲聆徐先生多次面谈，直接了解了藏书史上的这件大事，其发生的来龙去脉。

当年，晒宋楼、十万卷楼在内的陆心源藏书，悉数售与日本静嘉堂文库，陆树藩（1868—1926）在近世被人认为是坐吃山空与有亏大义的不肖子孙。实际上，此事并非如一般人论定的那样，而是有其迫不得已的苦衷，其过程也非常复杂。

陆心源于1894年逝世，其临终告诫诸子，书收集不易，切勿散逸，以防像旧时藏书人那样，有人亡、书散的遗憾。陆心源

224

逝世后，长子陆树藩，从其父学过书画、版本目录之学，后参加乡试，中恩科举人。确也继承其父遗志，即保持旧藏并继续收购、庋藏宋元版珍本、善本。这和他从小生长在父亲身边，并与其父亲同时收藏古籍中成长起来，并受父亲长期言传身教之影响有关，收书刻写已成习惯，陆树藩其实也是一位沉浸古籍堆中收藏古籍的读书人。一如徐桢基先生所说，"在其父严格监督下，陆树藩对经史之学，亦不敢放松，并与其弟树屏，共同参与刊印其父著作和校订等工作同时也熟悉收藏之业"。

但当年，时局急遽逆转。由于时势动荡，晚清江山处于风雨飘摇之中，但陆树藩还是想把父亲留下的古籍，找到一个在国内可保存利用之处。于是，他在1899年曾向上海工部局去信建议，请求捐赠藏书，再由上海工部局出地建楼，陆氏家族捐出藏书，但要求书楼以陆心源为名，要求各国承诺保护。一开始，陆树藩还提及愿意支付部分建设费用。此议提出不久，他曾陪同工部局派出的李提摩太，到湖州查看陆氏藏书。陆树藩此举初衷，既怕藏书散逸，亦畏舆论压力。但是，这事虽经双方协议，初步谈妥。然而，此事最终却未能成功。

至1902年，陆树藩又上书端方，建议将陆氏之藏书，盛宣怀之书画、端方之金石，在沪建立藏书楼与博物院（陆并与盛谈妥）一并收藏。他在信里还表示：

> 近见时事日非，变生不测，刀兵水火，在在堪虞。即使后人，亦能抱守，但假设或稍有残缺，任生片羽吉光之憾，故吾愿将先人所藏之书，全数捐入藏书楼，以垂久远。

但后因端方却调为湖广总督，此议仍未能实现。

之后，作为世交的张元济。他在得知陆树藩经济上陷入困境后，就说动商务印书馆老板夏瑞芳筹款收购陆氏藏书。但因价格出入，而最终未能谈妥。其后，日本人有欲购陆氏藏书之势，张元济也深知国内以私人之力，已绝无完购之可能，于是，张元济便于1906年春，赴京找军机大臣兼学部尚书荣庆（荣华卿）相商，希望能由清廷拨款购买，作为京师图书馆之基础。但那时的清廷，已经快走向衰亡、更迭朝代，根本未能重视这古籍保护之事。

陆氏一如胡雪岩所遇到的那样困境：20世纪初，那时正处于日本人向中国倾销人造丝及各种廉价日货之际，中国的民族资本家大都受到冲击，大批生丝商行和缫丝工厂，纷纷关门，陆家的缫丝厂亦在倒闭之列。陆树藩此时虽为官苏州，经济上却陷入前所未有的困境。

然而，正当其时，日本汉学家岛田翰，在一次游历江南的过程中，获得了数次登陆氏"皕宋楼"的机会，对陆氏藏书垂涎不已，后便极力促成日本购买"皕宋楼"的藏书。处于如此境况下，陆树藩于灰心意懒之际，有了卖书的意愿，而国内公私各处，都没有能力出价购买，故而寄望于日本人。经过一番讨价还价，最终日方在上海与陆树藩以十二万银元成交，其中支付给陆氏后代十一万八千元，支付给中介人岛田翰二千元。

光绪三十三年（1907）6月，皕宋楼（包括十万卷楼）这批珍贵古籍，均由日本邮船公司的汽船经上海运到日本，先是藏在东京岩崎氏的公馆内，后集中藏于日本三菱公司属于下的静嘉堂文库内。

最终，皕宋楼的藏书，日本三菱公司以十二万银元轻松买走。中国文化遗藏中的一批无价瑰宝，东流日本。

从大环境上来看，当时的清政府，没有制定法令规定，若从保护中国历史文化遗产上，清政府在这个问题上难辞其咎。张元济在《致缪荃孙书》中曾谈到，他作为当年的商务印书馆的代表，提出保存国宝的建议，最终未被采用。对于张元济来说，也只能无限感叹："今且悔之无及，每一思之，为之心痛。"

纵观中国历史，凡国宝流失，多在山河动荡、国破家亡之时。至于陆树藩本人，也在想尽各种办法留住这批几代家人之国宝，但终未能保住并愧对祖先，伤心至极，他也于 1911 年辛亥革命之际，在家剃度成为居士，并有诗云：

> 遁入空门百感萦，无端风鹤日频惊。
>
> 匡时未遂平生志，薄宦空留两袖清。
>
> 尘世谜团谁解得，皈依佛法我先行。
>
> 从今不管兴亡事，漫成新诗刻烛成。

其后的两三年里，沪上由陆树藩经营的丝厂与钱庄，相继均倒闭。且雪上加霜的，还有两件事。其一，他任董事长的原救济善会账上留有欠款，已无人顾问，必须由他归还；其二，他为做慈善事业所筹集之款，为他人挪用，也必须由他补齐。因而，陆树藩此时在经济与政治双重压力境地下，也只有把家中皕宋楼的藏书售出，以开支这两笔做慈善而无人担责之债，并维住陆氏整个家庭的日常生活。

写到此处，我在静嘉堂阅书其间，所看到的，有四部类书，颇值一提，如由翰林学士李昉等人，奉宋太宗赵光义之命，编修了《太平御览》《太平广记》《文苑英华》。而在宋真宗景德二年（1005）赦令王钦若、杨亿等人编纂了一部《册府元龟》，后人统称为宋代四大类书，也被称作中国古代百科全书式的大书。在这四部宋版书中，《太平御览》载百家，《太平广记》载小说，《文苑英华》载文章，《册府元龟》载史事。这四大类书，对宋代乃至后代都产生了极其重要的影响。宋代还刻有很多文字、历史、佛经方面的图书。比较著名的有《经典释文》《周易正义》《临川先生文集》《昌黎先生集》《河东先生集》《欧阳文忠集》，均为宋版书中的文化上品（日本视为"文化财"）。佛经方面有《大藏经》《碛砂藏》《万寿道藏》等。《开宝藏》又称《蜀藏》，是宋版书中的善本。它们都是我国古代人民勤劳智慧的结晶，也是我国古代文化遗产的重要组成部分。

令人惋惜的是，由于陆氏后代的没落，陆氏收藏的大批字画，因战争，也大都遭毁，这些书画以及一些艺术品大多已无从考证下落，目前只有极少部分书画、古代艺术品熬过了战争年代，终也散至世界各处。目前于静嘉堂留下一些，尚可见其一斑。

近年，随着艺术市场的发展，拍卖市场中，涌现出一些陆心源旧藏字画，如2019年7月30日，在日本大阪举行的拍卖"蜗庐集萃（二）"专场中的《李公麟国朝贡图》、2019年11月19日在中国嘉德秋拍"大观——中国书画珍品之夜"专场中，以二亿三千五百万元落槌的赵孟頫《致郭右之二帖卷》。2019年12月23日，北京匡时2019秋季拍卖会中，恽寿平的《山水花卉书法合册》等。

想起我于静嘉堂文库，拿上一册宋版书阅读时，即有一种历史文化的气息和文物艺术学术的价值，透射在我的心灵上，令人享受大美的快感，心情无不为之激动。

如上所述，陆心源虽为后世留下了较为完整的宋版古籍和字画艺术品，但陆氏旧藏之物大多遭毁、流失海外抑或私人秘密收藏，造成了我国珍贵文物的流失。这样的时代历史虽已画上句号，对祖国文化之传承，却值我们后人深入反思。

时代历史发展至近现代社会，打破了这种收藏、散失和传承的模式，始建立公共图书馆，这也成为了历史的必然选择。正如学者王安功所说："知识界产生的古籍流散危机感，也导致了典籍归公、典籍出版、学术研究等文化现象，当然这些曾经的伤痛记忆，已经转化为社会文化转型的动力。"

这些伤痛记忆，对于我们现当代保护文化典籍有着警示意义：无论是一个民族一个国家，还是个人，都应该充分认识到文化典籍的重要性，加强对文化典籍之保护，我们才能保存好专属于自己的文化历史，并在自己的宝库中，以属于中华民族的思想方式，保护好几千年积淀而成的历史文化遗产。

写于 2023 年 5 月　半亩书屋

图书在版编目（CIP）数据

宋版之美 / 张建智著. —上海：文汇出版社，
2023.11
ISBN 978－7－5496－4083－6

Ⅰ.①宋⋯　Ⅱ.①张⋯　Ⅲ.①宋刻本—研究　Ⅳ.
①G256.22

中国国家版本馆CIP数据核字（2023）第136129号

宋版之美

作　　者 / 张建智
责任编辑 / 鲍广丽
封面装帧 / 王　峥

出 版 人 / 周伯军

出版发行 / **文匯**出版社
　　　　　上海市威海路755号
　　　　　（邮政编码200041）
经　　销 / 全国新华书店
排　　版 / 南京展望文化发展有限公司
印刷装订 / 启东市人民印刷有限公司
版　　次 / 2023年11月第1版
印　　次 / 2023年11月第1次印刷
开　　本 / 890×1240　1/32
字　　数 / 180千字
印　　张 / 8.875

ISBN 978－7－5496－4083－6
定　　价 / 98.00元